陳福成著

文史哲學集成

神劍與屠刀

文史哲出版社印行

國家圖書館出版品預行編目資料

神劍與屠刀 / 陳福成著. -- 初版. -- 臺北市：
文史哲,民 98.09
頁： 公分. --（文史哲學集成；573）
ISBN 978-957-549-865-8(平裝)

1.民族主義 2. 種族主義 3.部落

571.11　　98015733

文史哲學集成 573

神劍與屠刀

著　者：陳　福　成
出版者：文　史　哲　出　版　社
http://www.lapen.com.tw
e-mail：lapen@ms74.hinet.net
記證字號：行政院新聞局版臺業字五三三七號
發行人：彭　正　雄
發行所：文　史　哲　出　版　社
印刷者：文　史　哲　出　版　社
臺北市羅斯福路一段七十二巷四號
郵政劃撥帳號：一六一八〇一七五
電話886-2-23511028 · 傳真886-2-23965656

實價新臺幣二二〇元

中華民國九十八年（2009）十月初版

ISBN 978-957-549-865-8　　00573

序：從分離主義說起

台灣分離主義者在沒有原料、元素狀態下，隔空創造了一種兵器，此種兵器雖屬虛構，卻仍可輕可重，進而可隔空殺人於無形，製造同胞間的對立和仇恨，再煽風點火，便能引爆戰爭！

此種兵器亦能「變形」，變成許多大鐵鍋，內注滿冷水，人民亦被變成一隻隻青蛙，在鍋內悠游……然後，兵器進而變成柴薪，慢慢的，也可以很快。總之，都是一樣的結果，把水燒開……

是甚麼樣的兵器這麼厲害？這種兵器如果給它少許基本「羊春」裝備，就叫輕兵器。分離主義者給它一個稱謂叫「台灣意識」，其屬性溫和，雖有爭議或對立，但不會引爆戰爭。

如果給輕兵器更多編裝，加強其功能，可以成為重兵器。分離主義者給它一個稱謂叫「台灣民族主義」，其屬性強烈，是製造人民對立和仇恨的好兵器，若要引爆戰爭，讓血流成溪、成河、成海，那眞是太容易了。

但是，「沒有的東西」，最怕被拆穿，例如「台灣民族主義」這東西，明明沒有，政客卻要無中生有，不久「見光就死」。爲何？我們只聽說中華民族有漢、滿、蒙、回、藏……等百餘民族組成，甚至有「平埔族」、「阿美族」，就是未聞有「台灣族」，一個很簡單的「眞理」。

由此可見，台灣意識和台灣民族主義都是一種「刀」，而且是「屠刀」，只是大小功能不同；相同的是「無」，無形的，也是無中生有。

但若說到「中國意識」、「中華意識」，乃至「中國民族主義」或「中華民族主義」，可是千眞萬確「係金A」，是眞的存在，眞實不虛的事。若說到屬性，都很強烈，若爲統一故，瞬間就能啓動戰爭，揮「刀」平定地區叛亂，絕不手軟。

所以，中國意識或中華民族主義是一種刀，且是「寶刀」，亦爲聖劍，揮劍便能斬群魔。中華子民近百餘年來，揮動這把「神劍」，趕走帝國主義者，完成國家統一。未來國家之統一，兩岸中華子民仍須使用這把神劍。

但事實上，每個人心中都有三把刀：部落主義、種族主義和民族主義，你要如何用刀用劍？爲正或爲邪？

萬盛山莊主人　陳福成

一九九七年八月於中國台北

神劍與屠刀

目次

第三篇　論民族主義……九三

2008. 東帝汶總統遇刺 人間福報 2.12.

總統受槍傷，總理雖受埋伏攻擊卻未受傷，叛軍首腦遭政府軍擊斃

總統霍塔在上午六時中彈受傷

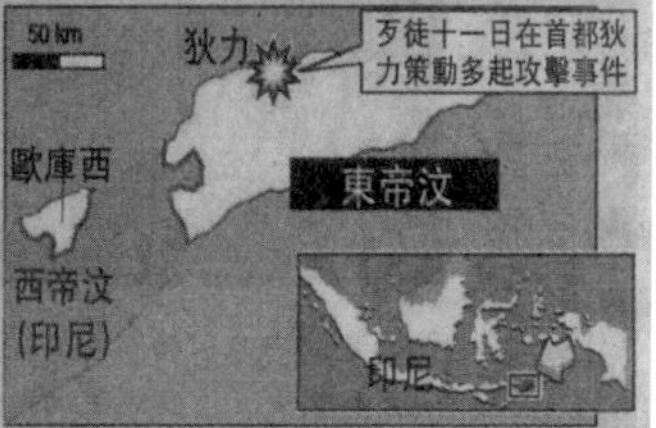

芮納度，叛軍首腦，2006年起在逃，在攻擊總統官邸事件中遭擊斃

總理古斯茂在上午七時半遭到伏擊，安全逃離

法新社 AFP

人間福報 二〇〇九.六.廿一.

以往以色列為阻隔巴勒斯坦人的暴力攻擊，在約旦河西岸高高築起以巴圍牆，如今納坦雅胡終於鬆口表示，「有條件」同意巴人建國。圖為耶路撒冷郊區城市阿拉姆的一段。 圖／美聯社

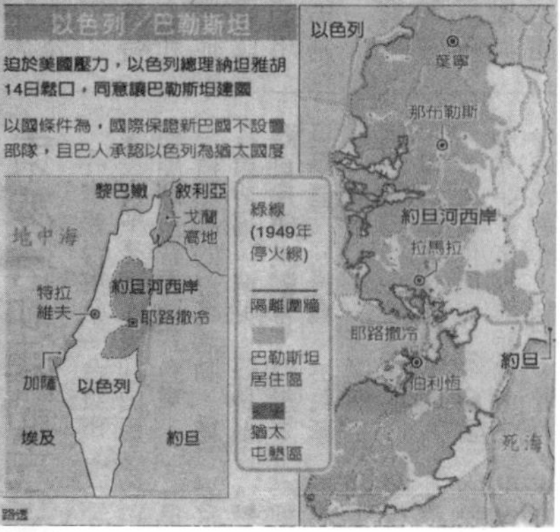

人間福報

科索沃阿爾巴尼亞裔民眾二十一日在普里斯提納點蠟燭，悼念已故科索沃總統魯戈瓦。塞爾維亞二十一日舉行全國普選，在塞爾維亞重鎮米特羅維卡投票的選民說，科索沃獨立在即，他們對未來不抱任何希望。2007. 1.23. 圖／法新社

美聯社

東帝汶總統被暗殺 人間福報 2008.2.23.

東帝汶總統霍塔11日十天前遭槍擊，陷入昏迷10天後已恢復意識，並開口對家人說話，主腦者是前憲兵指揮官雷納多。

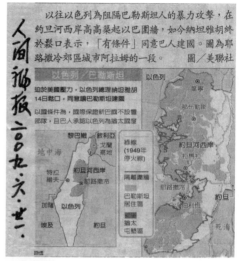

96.1.6.

華人信仰重鎮

印尼華人興建的廟宇為數不少，在中華傳統文化核心中，兼以融和佛、道、儒各教，成為歷代離鄉華人的精神家園及社會交際、溝通的場所。

在長期不能從軍、參政的社會背景下，華人一方面積極融入印尼本土文化，另一方面在傳統文化中尋找精神支柱，這對於上了年紀的華人更為重要。

圖為雅加達丹格朗市著名的文德廟內懸掛的「禮儀廉恥」、「忠、義、勇」，彰顯出這座廟宇相同提倡的精神。

人間福報 圖／本報雅加達傳真

歐洲吉普賽少數民族

義大利將採集境內所有吉普賽人的指紋，包括大約8萬名吉普賽兒童。這項計畫令人想起1938年墨索里尼對猶太人採取的種族隔離措施。義大利政府指外來移民，特別是吉普賽人，為義大利帶來嚴重的犯罪問題。

中國時報

000 吉普賽人口（以千為單位）

資料來源：開放社會學會、聯合國開發計畫署

© GRAPHIC NEWS

台灣13原住民族群分布

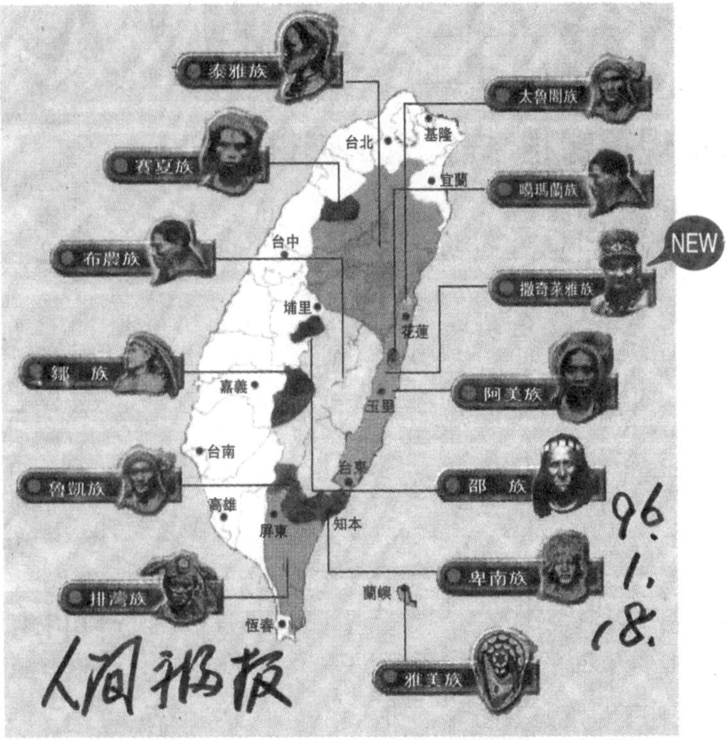

圖／行政院原住民族委員會網站

撒奇萊雅族正名活動昨天在行政院舉行，當族人聽見正名已經正式通過時，有人因此落淚。　張天雄攝

人間福報

二00八.六.二十七.

多位巴宰族人二十五日出席首屆「原住民族語文學創作獎」頒獎典禮，希望政府協助巴宰族順利正名。 圖／中央社

人間福報

二00八.七.二十一.

花蓮縣撒奇萊雅耆老楊仁煌，為部落青少年繫綁象徵成年頭飾。

撒奇萊雅族青少年依序在茄苳樹下祭祀祈福。 范振和攝

第一篇 論部落主義

撒奇萊雅族脫離阿美族，成為台灣第十三個原住民族。圖為參加正名茶會的撒奇萊雅族人。 圖／中央社

壹、前言

在二十世紀行將結束的時候，人類思想已是迫不急待的要揚棄一切的現代，加緊腳步趕上「後現代」。於是「後冷戰時代」、「後現代主義」……，都在對「現代」的超越或反動，表示一種更爲前進的思想，而表現在全球各個國家發展現況，正是現代化運動與反省。現代化的政治發展（Poitical Development），正是現代國家發展（不論標榜主權國家或民族國家）的主要目標。

現代國家發展也面臨諸多困境，部落與部落主義有時像一個不能丟棄，轉型困難的傳統包袱。倒底「部落」這種存在已數千年的古老社會組織形態，在現代社會面臨甚麼困境？部落主義或思想在現代國家發展中，是一種障礙嗎？爲本文探究之要點。

貳、概念釐清：部落、部落主義與民族主義

十九世紀中葉，人類學家有過大放異彩的貢獻。他們初次發現並肯定人類最初的組織形態，不是以血緣爲維繫因素的氏族社會或部落國家，而是以圖騰（Totem）爲結合基礎的初民社會（Primitive Society）或圖騰社會（Totemic Society）。中國在夏朝以

前即所謂初民的圖騰社會，這個時代初期流行亂婚與族內婚，後便進至群婚或族外婚，亦與女性為中心的母系社會並存。（註一）圖騰社會的人群崇拜共同的自然物體，如日、月、禽獸等，依漁獵為生，社會組織簡單。

圖騰社會再演進則為氏族社會，中國到商代就是氏族社會，周代係封建社會，所以氏族社會是圖騰社會過渡到封建社會之津梁。氏是地域觀念，族是血統觀念，合氏與族言為部落，故氏族社會就是部落國家，部落乃國家構成的基本單位。（註二）我國研究古代社會的學者，也認為「當初人類由群相集而構成的集團，謂之部落。」（註三）氏族是部落的構成要素，故部落是發生在同血緣、言語、習慣之間，由於人口增加及經濟等因素發展而成。從而部落也是一個血緣團體。名方學者吉特爾（R. G. gottell）研究國家的演進有六種形態：㈠部落國家，㈡東方帝國，㈢希臘市府國，㈣羅馬大帝國，㈤封建國家，㈥民族國家。（註四）可見部落國家是最初的國家形態，而現代的民族國家則是發展達到最成熟的國家形態，中間的演進過程長達數千年。

在 **Encyclopedia Britannica** 界定部落（Tribe），是一種初級形態的社會集團，成員間用方言溝通，有簡單的政府形態，為某種目的而群衆生活，如生存戰爭。同一部落有比較團結的生活文化，共同地域範圍，世代相傳的傳統，數個部落叢簇一起生活，並有最高的統御者則可形成國家。（註五）Encyclopedia Americana界定部落，是一群血緣相近的家族所形成的聚集，並有一位共主擔任領袖，它是形成國家的一部份。（註六）

綜上所述，部落是源於共同祖先，具有共同文化，爲以親屬關係爲界的最大團體，通常幾個氏族（Clan）合成一個部落，數個部落合成部落國家。就發展過程言，部落爲介於氏族和民族（Nation，也可以是國家）之間的團體。因其同源同種，有特殊的生活方式和文化，特殊的政經與社會規範，特殊的習慣法體系、典儀和藝術表現的形式，每個部落自成一個生活圈，同時也是一個工作單位和戰鬥單位，因此成員對部落有高度的認同感。

所謂「部落主義」（Tribalism）通常的定義，是指一群人、家庭或宗族，原始的或當代的，源自於一個共同的祖先，具有共同的領導，並與他們的奴隸或收容的陌生人形成一個共同體（Community），成員使用同一語言，奉行社會結構中一致的規則，且爲了諸如農耕、貿易或戰爭等目的而共同工作，他們通常有自己的名稱，占有一塊鄰近的領土。（註七）但十九世紀的人類學家表示，部落主義是一套情緒與非理性的，具有初民的泛靈信仰（Animism），並能預知未來的超越科學的（Prescientific）生活系統。（註八）這個系統正符合當代社會發展的連續模型（Sequential Model），人的心理也從幼稚、成熟而達到今日水準。

「部落」與「部落主義」在理論上有連繫關係，惟二者不易有明確的區隔，惟在實際用法上依情況斟酌而已。而方學者海斯（Garlton J. H. Hayes）以為，部落主義乃與一個特殊的、地區性的區域相伴隨，經長期演化為更廣泛的忠誠。由於持續進展與進步傳播的文明，部落主義會是「小規模的民族主義（Small-Scale Nationalism），或原始的民族主義。（註九）這麼說部落主義和民族主義不僅神似，且在發展上有連續關係嗎？

海斯形容早期的部落主義，乃是一種小規模和集中的民族主義類型，是故民族主義也有一種原始社會的屬性，甚至史前世界就有民族主義者，例如荷馬（Homer，約紀元前九世紀左右古希臘詩人）即奉獻於民族主義，他的兩部文學經典「依利亞德」（Il-iad）和「奧德賽」（Odyssey），是希臘人眼中的聖經，定位為「民族文學」。（註一〇）但英國學者 Elie Kedourie 則認為部落主義和民族主義有明顯界線，他描述說：

部落成員與部落關係通常由極細微的風俗習慣細節所調節，此一關係乃毫無疑問地被遵守，且被認為是自然或神聖秩序的一部分。部落習俗不是總體意志

（General Will）的宣告，也不是法律理性（Reason）。因此，部落成員乃是因血統而成立，不是靠自決（Self-Determination）。他們通常不知道人的命運是漸進的，而且能將他的意志併入部落的意志以充實這個命運。（註一一）

按 Kedourie 詮釋，民族主義的核心是民族自決，而部落主義強調血統關係。勿論二者是否相關或相互接續，二者都同時延續到當代則是存在的事實，目前在全球各大洲都還存有許多部落，有的國家仍是處於「部落國家」階段，有著濃厚的部落主義。

部落主義即從史前就存在，爲何數千年處於隱伏狀態呢？而到十八世紀部落主義或原始的民族主義同時復活，並成爲主宰歷史發展的一股強大勢力，實有四種因素相互糾纏並結合而成。

㈠軍事領導者征服不同的部落，將其形成軍事、政治與經濟的聯合（從埃及到羅馬的古帝國）。

㈡宗教由一些特定的部落或部落成長，傳播到其他部落（基督教和伊斯蘭教等「世界宗教」）。

㈢對抗民族主義並加強一種世界性愛國心，一種歸屬於文化社會的感覺的語言和文學因素。

㈣無法藉由軍事帝國、世界宗教或超民族的語文抹去持續性的民族意識。它潛伏而不被摧毀。（註一二）

部落主義絕非民族主義是可以肯定的，只能在某種意義或程度上，部落主義可以是原始的民族主義。但當民族主義欲揚棄它的原始社會屬性，試圖透過民族主義的凝聚建立現代化的民族國家，民族主義和部落主義便是敵人。

參、古代部落國家與部落社會形態

人類社會不論東西方，最初的組織形態都是圖騰社會，而這種圖騰社會實即一種部落社會，中國在堯舜時代的政體可以說是選舉王政，惟選舉權與被選舉權都限於有權參加酋長會議之各部落酋長。夏殷二代之所謂天子不過是最強的部落酋長，力足以壓服其他部落，各部落乃尊之為共主而已。（註一三）到了殷商時代因氏族社會已形成，氏族是社會構成的基本單位，部落乃國家構成的基本單位，故本文討論古代部落國家以殷商為主述案例。西洋古代部落社會與部落國家，則以古希臘、雅典與羅馬為主述案例。

一、殷商：氏族社會的部落國家概況

殷商之氏族社會為隨畜牧經濟之發達而產生，畜牧經濟發達導至社會組織發生下列重大演變：

㈠由亂婚或群婚進為永久婚姻的一夫多妻制。

㈡由母系社會進為男性中心的父系社會。

㈢由全民平等的無階級社會進為有階級的奴隸制度。

氏族社會之結合既非圖騰，而是血統，原始社會崇敬自然的拜物教轉化成崇敬先人的拜祖教；原來的拜物教質變成祭天地山川及方位之儀禮。商人這種凡事訴諸祖先崇拜的信仰方式。在尚書盤庚篇有不少詳細記載，舉部落共主商王盤庚的講話如下：

古我先王，暨乃祖乃父，胥及逸勤，予敢動用非罰？世選爾勞，予不掩爾善，茲予大享于先王，爾祖其從與享之……

古我先后，既勞乃祖乃父，汝共作我畜民，汝有戕則在乃心，我先后綏乃祖乃父，乃祖乃父，乃斷棄汝，不救乃死，茲予有亂政同位，具乃貝玉，乃祖乃父，

丕乃告我高后曰：「作丕刑于朕孫。」迪高后丕乃崇降弗祥。（註一四）

盤庚這番語充份反映殷商從圖騰崇拜轉化爲祖先崇拜後，祖靈神靈都成爲廣泛而嚴厲的社會規範，史學家顧頡剛將之定位爲「鬼治主義」，遇到任何問題只要抬出上帝或祖先，自然一切解決。「尚鬼」與「尊神」是氏族社會的本質，也是社會規範。

另一方面在政治制度上，一個氏族便是一個部落，氏族族長是部落的最高權力者，一氏族包括若干家族，家族的家長組織輔弼會議以贊襄族長；氏族族長又組織族長會議，爲部落酋長的輔弼機關。各部落酋長擁戴一共主便稱天子。綜合左傳、史記等古籍所記，殷商部落國家至少是由二十一個部落組成。（註一五）部落酋長通常是爲軍事需要而設立，所以部落也是一個軍事作戰單位，這可以從商代出土卜辭的一段話得知：

戍干弗雉王衆？戍□弗雉王衆？

戍咼弗雉王衆？戍狃弗雉王衆？

戍冒弗雉王衆？五族其雉王衆？（註一六）

這段卜辭乃當時部落的共主商王占卜，是否用「王眔」的五個部落分別戍守五個不同地方。在甲骨文中「眔」即是「衆」字，商代的「眔」或「眔人」是貴族階級，也可以是家族酋長或地方首長。

各部落酋長所擁戴的共主，權力能夠控制各地時才稱「天子」，不能控制就失去天子尊號，霸權又移歸另一個部落酋長。失去霸權與尊號，並未失去部落酋長之位。

部落國家之大事「唯祀與戎」，而戎事亦占卜決定之，共主有男巫爲輔佐，氏族亦有巫祝能「知人通人」爲族人行動上的指導，所以殷代部落國家的實質即神權政治。孔子云：「殷人尊神，率民以事神。」而箕子之洪範將天子、卿士、庶人、卜、筮五單位成爲一組，國有大事，由五單位之多數決定之。龜、筮乃與君、卿士、庶人各爲一個單位，共同決定國家大事，而以三單位同意爲之，也算是合於民主的「多數決」了。

二、古希臘、雅典與羅馬的部落國家概況

大約中國的殷商祖甲時代，古希臘人（Hellenes）已定住在希臘半島的大部分，也征服了克里特島（Crete）。此時已有四個父系氏族團體：阿凱安族（Achaeans）、多

利亞族（Dorians）、愛奧尼亞族(Ionians)和伊奧利亞族（Aeolians）。希臘人喜歡小單位，通常幾個部落聯合便是了不起的國家，著名者如雅典、斯巴達、扶里機亞（Phrygia）。

以進步爲立國精神的雅典（Athens），就是由定住在阿提喀（Attica）的愛奧尼亞人所建立，最初的雅典是由四個部落組成，每個部落有三至四個氏族聯盟（Phratry），每個氏族聯盟有二十至三十個氏族（Gentes），氏族之下有家族，但家族不是社會的核心，氏族才是社會的組成單位。氏族是經濟團體，土地屬於氏族共有，人民都耕種氏族公有土地，而參與生產物的分配。氏族聯盟則是政治團體，部落是軍事團體，各置酋長。（註一七）

隨著社會結構的變動，政治制度出現中央集權傾向，原先各部落、氏族管理的事務，慢慢成爲中央單位的重要工作，這個變動因素包括人們從食物蒐集者到生產者，從遊牧形態到永久住區，有部份兼職政治領袖（Some Part-Time Political Officials）到有許多全職政治領袖（Many Full-Time Political Officials），從兼職專家到高度專業專家。（如附表一，註一八）雅典也是面臨這樣的社會變動，部落與氏族功能日趨減弱，國王的權力日趨增強。到西元前六八二年中央便有了三種機關：

㈠公民大會（Ekkleisia），凡自由民年滿二十一歲均可參加，這是最高權力機關，有表決法律之權。

㈡元老院（Areopagus），由貴族選舉代表組成，是最高司法機關。

㈢執政官（Archons），人數九人，由公民大會選舉組成，負責行政工作的執行。

此時，雅典雖然只有一位國王，但是國王的軍政權力被劃給一位「戰官」（Polemarch），民政權力則由執政官擔任，所以當家做主的有三人，不是一個人。西元前五九四年，梭倫（Solon）爲執政官，他由四個部落各選一百人，組成四百人會議（Council of the Four Hundred），它決定公民大會召集時間，審查公民大會討論的議案，監督法令執行。此後數十年的雅典可以說是氏族與部落勢力，與國家勢力的對抗競賽，而氏族與部落勢力逐漸衰弱則是必然。

表一　Variation in Food-Getting: A Summary of General Features of Recent Societies

	Food Collectors	Food Producers		
	Hunter-Gatherers	Horticulturalists	Pastoralists	Intensive Agriculturalists
Population density	Lowest	Low–moderate	Low	Highest
Maximum community size	Small	Small–moderate	Small	Large (towns and cities)
Nomadism/permanence of settlements	Generally nomadic or seminomadic	More sedentary: communities may move after several years	Generally nomadic or seminomadic	Permanent communities
Food shortages	Infrequent	Infrequent	Frequent	Frequent
Trade	Minimal	Minimal	Very important	Very important
Full-time craft specialists	None	None or few	Some	Many (high degree of craft specialization)
Individual differences in wealth	Generally none	Generally minimal	Moderate	Considerable
Political leadership	Informal	Some part-time political officials	Part- and full-time political officials	Many full-time political officials

西元前五〇九年由將軍出身的克利斯提尼（Clisthenes）任執政官，他把持朝政，大事改革。（註一九）他用革命手段，發布新憲法，實行民主政治，他先破壞以血統、氏族爲基礎的四個部落區域，改成以地理關係位置的十個郡（Phylae），每郡分十個縣（Demoi）。改四百人會議爲五百人會議，所有公職人員都用投票或抽籤決定之。

從前面雅典的政經社會發展過程，正看出一個社會從部落到國家的形成經過。但畢竟古代社會發展未臻成熟，所謂「國家」或「城邦」仍難脫離部落的影響力，古代的雅典社會已有數千年的氏族基礎，村鎮的起源就是一個宗族的居處，有時村鎮之名即宗族之名，或以信仰的神爲名。（註二〇）所以當克利斯提尼想要「終結」部落制度，建立民主政治的雅典時，軍隊領域還是按部落勢力劃分，由每一部落各出一團，其團長（Strategos）以選舉方式產生。現代研究古代社會的學者 L. H. Morgan 就認爲，雅典的社會體制顯示：㈠以血緣關係爲基礎的氏族；㈡大抵出自一個本源的氏族，因分離作用而派生出來的氏族同胞，即胞族；㈢由使用同一方言的數個胞族組成部落；㈣由數個部落藉合同作用而構成一個大的氏族社會。（註二一）雅典城邦國家的實質，應是「部落國家」。

古羅馬也是一種部落國家的形態，約西元前八世紀以前的漫長年代裡，意大利只是許多獨立部落與城鎮的混合體，史學家統稱「意大利部落」。（註二二）其中的最強者是地緣條件最好的羅馬城，城裡有三個部落，分別是藍涅斯（Ramnes）、提替斯（Tities）和盧塞勒（Luceres），住在七座小山岡上。（註二三）每個部落約有十個氏族聯盟（Curiae）集合而成，每個氏族聯盟由十個氏族（Clan）組成。比氏族更小的單位是家族（Family），一切都以血統爲基礎，這是一個完全的部落社會。

也是由於經濟型態的變遷與進步，貴族、平民與奴隸的形成，農業進步產生的分工，人口增加出現更多的聚落。到西元前七五三年，羅馬城的強人綸繆拉斯（Rex Romulus）征服四鄰，建立羅馬國，一個羅馬城邦國家於焉形成，羅馬史家稱羅馬的誕生建城日，是前七五三年四月二十二日，這天稱 A.U.C.（Anno Urbis Conditae）。這個形式上的羅馬城邦，實際上也是一個部落國家的誕生，因爲國家的「政治大餅」是以氏族血統爲基礎，由有勢力的部落擔任之，中央設有三種機關。

㈠元老院（Senatus），有力的貴族推舉代表組成。

㈡貴族會議（Comitia Curiata），一般貴族組成。

㈢國王（Rex），貴族會議舉荐之，終身職。

這些所謂的「貴族」，都是綸繆拉斯從各氏族選出的族長及部落選出的酋長，這些元老後來被稱爲「父老（Patres），他們的後裔則稱「Patricii」。即政權完全屬於貴族所有，此種貴族政體大約維持五個世紀之久。

西元前五六〇年時國王塔力阿斯（Servius Tuillius）的改革，對部落勢力是一個大打擊。他廢除過去以血統、氏族爲基礎的三個部落團體，改造成以地理爲基礎的四個地域團體。但從歷史記錄觀察，羅馬成爲共和國家後，部落依然有很大的影響力，在西元前二世紀時的部落會議（Tribal Assembly），其決議亦等同元老院同樣的法律效力。部落國家性質還是很濃厚。

肆、近現代部落國家與部落社會現況

不論東西方人類社會的發展，共通點是史前有一段漫長的部落社會時代，接著發展出政治性的部落國家。例如中國在殷商部落國家後，發展出周朝封建國家；西方古希臘、羅馬的部落國家也維持數百年，便進入帝國或中央集權國家。縱觀人類近三千年社會發展過程，部落或部落國家不僅是在式微中，特別是工業革命之後的現代化運動，更是面臨部落解體（Detribalization）。（註二四）但是，在現代化、民主化策動之下，所謂的「主權國家」或「現代國家」成爲一條不歸路，成爲國家發展的總目標，部落社會與部落國家成爲必須揚棄的對象，這裡要先陳述近現代部落社會與部落國家的現況。

在歐、亞、非各洲，尚存在不少部落社會或部落國家，但爲揚棄「部落主義」（Tribalism），而能形成「泛運動」（Pan-Movement）者，便是「泛非洲主義運動」（Pan-African Movement），選爲本文主述。中國雖在周朝就脫離部落國家時代，惟因地大物博且自成封閉的大陸，許多少數民族千百年來都處於部落社會狀態，變遷不大，蒙古及滿族未入主中國之前，都處於部落社會。惟本文取用與台灣社會關係最密切的原住民部落，爲討論範例。

一、泛非洲主義運動：非洲民族主義取代部落主義

在近代世界政治詞彙中，「泛非洲主義」或「泛非洲主義運動」，都代表非洲國家要積極揚棄部落主義，成爲有尊嚴的現代國家，最終建立「非洲合衆國」的強烈願望。而這個大願望的根本問題，在於非洲人如何才能丟棄部落主義，把部落及部落國家轉型成現代國家，因爲部落是黑色好戰、落伍、悲哀、受歧視的標記。（註二五）近代的泛非洲主義運動因而飆起，此處分起源、定義、過程、結果及展望述之。

㈠泛非洲主義（Pan-Africanism）的起源

當一四四一年第一個非洲黑奴被運到葡萄牙，黑人與西方文化經四百多年的接觸，民族主義和泛非洲主義的思想於焉誕生，這也表示結束部落主義的時代到了。泛非洲主義淵源於千里達的一位律師威廉斯（Henry S. Williams），他訪問許多非洲部落酋長和政治人物，於一九〇〇年召開泛非洲會議。與會代表包括後來成爲黑人運動領袖的牙買加人迦維（Marcus Garvey），和泛非洲主義之父杜布瓦博士（Dr. W. E. B. Du Bois）。

在非洲民族主義發展過程中，建立民族國家的思想來自迦維，他組織全球黑人進步協會（Universal Negro Improvement Association）及其附屬組織非洲社會同盟（African Communities League），並推動黑人回到非洲建國運動（Black Zionism）。一般認爲杜布瓦的泛非洲主義運動和迦維的黑人建國運動，是兩個平行運動。

㈡泛非洲主義的定義

根據泛非洲主義理論家巴德摩爾（George padmore），解釋「泛非洲主義」時說：

泛非洲主義提供了一方面可以代替共產主義，一方面可以代替部落主義的思想，它拒絕白色種族主義和黑色好戰主義，它代表基於絕對平等和尊敬人性的種族和平共存：它的視野超越民族國家有限的境界，它的遠景是區域性自治國家的聯邦，最後合併爲非洲合眾國。（註二六）

此應爲泛非洲主義最佳之界定，它不要共產主義和殖民主義，它要發展出民族國家，最後完成「非洲合衆國」的建立。但這些的第一步是如何徹底丟棄部落主義，照巴德摩爾的看法，部落主義也象徵著「黑色好戰主義」，故須揚棄。這是一項從部落文化到現代文化的轉型大工程，並用「泛非洲主義」定位之，包括九項觀念與行動：

1. 非洲完全獨立，拒絕任何形式的殖民主義。
2. 經由區域性聯邦完成整個大陸的統一理想。
3. 完成非洲的文藝復興，追求「非洲性格」。
4. 非洲民族主義取代部落主義，超越部落關係。
5. 非剝削的社會主義可接受，拒絕共產主義。
6. 對民主政治深具信心，一人一票原則最佳。
7. 拒絕暴力，除非和平方法受到武力鎮壓。

8.全世界有色民族的團結。

9.積極中立，但影響非洲利益問題則不採中立。

泛非洲主義的內涵範圍也有三個不同層次。（如圖一，註二七）種族的泛非洲主義，是要恢復被白人偏見和宣傳所摧毀的自尊心；大陸的泛非洲主義，是指整個非洲人民的覺醒，團結追求共同目標；觀念意識的泛非洲主義，要樹立一種有系統的觀念，來規範非洲人與世界各洲人民之間的關係。

圖一　泛非洲主義的內涵

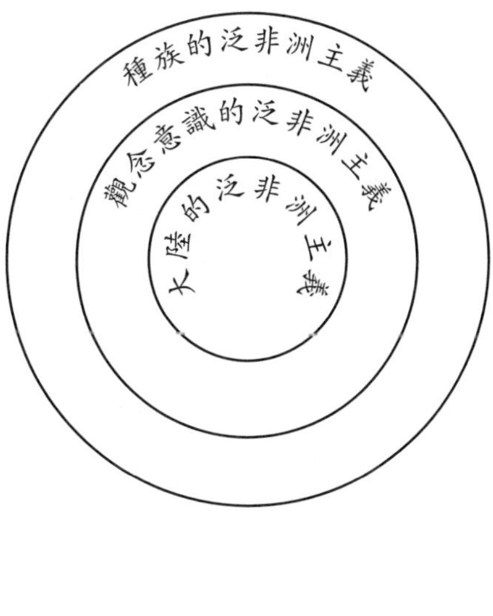

㈢泛非洲主義的發展經過

由杜布瓦領導召開的泛非洲會議，一九一九年在巴黎第一次會議，第二次是一九二一年在倫郭與布魯塞爾舉行，第三次是一九二七年在紐約舉行，第四次是一九四五年在曼徹斯特舉行。但最大規模是非洲獨立國家會議（Conference of Independent African State），第一次是一九五八年在阿克拉舉行，與會的有當時非洲八個獨立國家，第二次是一九六〇年在衣索比亞首都阿迪斯阿貝巴舉行，已有十個獨立國家參加。

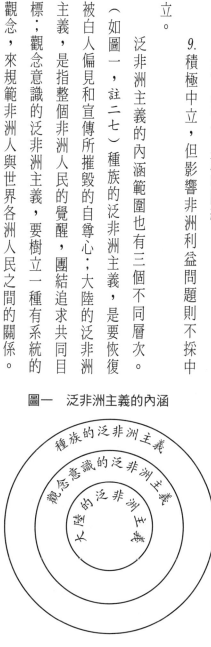

爲泛非洲主義的發展，還有非官方的全非人民會議（All-African People's Conference），第一次是一九五八年在阿克拉舉行，第二次是一九六〇年在突尼西亞首都突尼斯舉行，第三次是在一九六一年。綜合檢視前述這些會議，討論及議決的問題，不外種族主義、部落主義、非洲民族主義，及其他政治、經濟、社會發展等。

(四)泛非洲主義現況與前景

由於非洲各國欠缺共識，泛非洲主義所揭櫫的各項目標難有具體成果，「非洲合衆國」在當代非洲政治舞台上是一個近乎夢想不切實際的目標。（註二八）部落社會要轉型發展只有「單打獨鬥」了，例如南非廣祖魯族酋長布特勒齊（Chief Mangosuthu Buthelezi），在一九七五年組成的全國文化解放運動（National Cultural Liberation），目前仍是很有力量的英卡塔（Inkatha Yenkululeko Yesizwe），它一方面反對種族隔離，另一方面反對南非將班圖人（Bantu）的家邦（Hemelan）轉變成獨立國家。

消除非洲各部落間之敵意，撫平部落間之歷史怨仇，克復殖民主義的遺毒，恢復非洲自尊心，民族主義都是一劑良葯。「非洲合衆國」雖遙遙無期，建立現代民族國家應仍可期。

二、台灣原住民部落現況

中國境內的少數民族有許多仍維持部落社會狀態，台灣原住民就是一個可做觀察的最佳典範。所謂「台灣原住民」實際上有兩個系統，第一是已經消失的平埔族（正確說法應是「完全漢化」），包括有十個族：凱達格蘭族（ketagalan）、雷朗族（Luilang）、噶瑪蘭族（kavalan）、道卡斯族（Taokas）、巴則海族（Pazeh）、拍瀑拉族（Papora）、巴布薩族（Babuza）、和安雅族（Hoanya）、西拉雅族（Siraya）及邵族（Thao）。這一系統的原住民部落是居住在西海岸平原及蘭陽平原，其中的九族已完全漢化，僅存日月潭附近的邵族（清代稱水沙連番），尚未完全漢化，故能「存在」，在學術分類上尚未定論。（註二九）

台灣原住民的第二個系統是習稱「高山族」的九族，加上未定論的邵族共有十族，各部落組成結構與分佈（如表二、圖二，註三〇）。其社會組織及重要政治結構簡述如後。（第二系統原住民到底多少？到二〇〇九年七月已出現第十五族，亦未定論。）

雅美族是父係世系群，無統一權威（即無頭目），但有許多自然社會調節和社會控制制度。

圖二　台灣原住民部落分佈圖

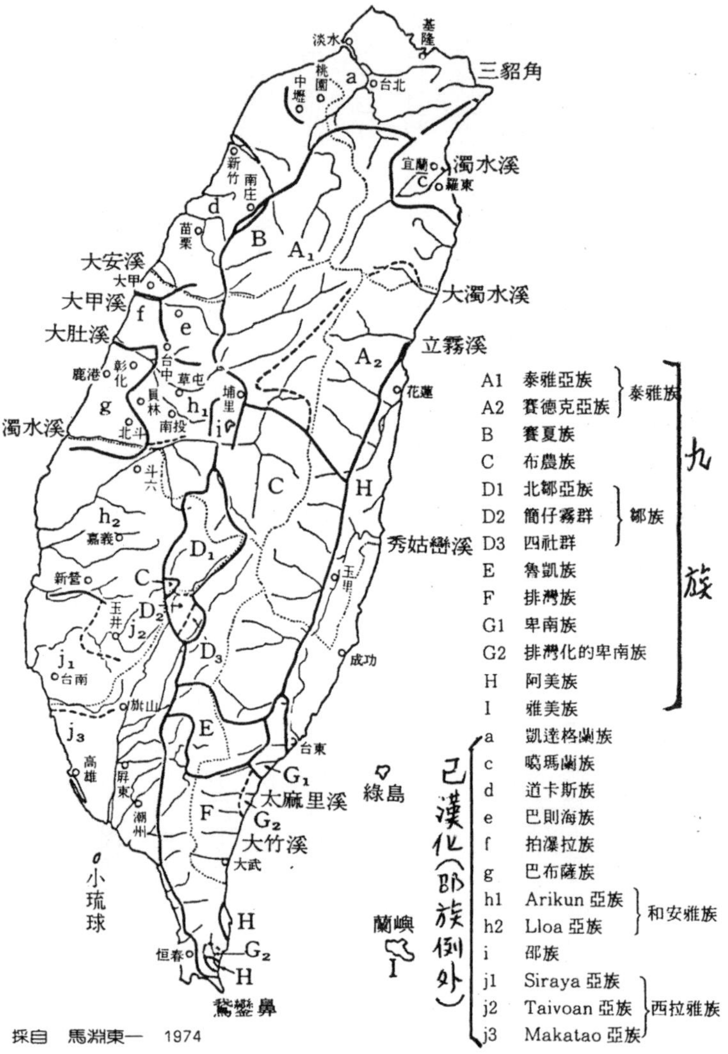

採自　馬淵東一　1974

表二　台灣各原住民部落組成結構

- 泰雅族 75028人
  - 泰雅亞族
    - Seqoleq群（南投、苗栗、台中、新竹山區）
    - Tseqoleq群（桃園、台北、宜蘭山區）
  - 賽德克亞族
    - 東賽德克群（花蓮山區）
    - 西賽德克群（南投山區）
- 賽夏族 3816人
  - 北賽夏群（新竹五峰山區：大隘社為主部落）
  - 南賽夏群（苗栗南庄山區：大湖社為主部落）
- 布農族 34420人
  - 卓社群（南投仁愛、信義鄉）
  - 卡社群（南投信義鄉）
  - 丹社群（花蓮萬榮、卓溪鄉）
  - 巒社群（南投、花蓮、台東山區）
  - 郡社群（台東、高雄山區）
  - 蘭社群（高雄三民鄉與台南交界處）
- 鄒族 6621人
  - 北鄒亞族
    - 達邦特富野群（嘉義吳鳳）
    - 鹿株大社群（南投信義）
  - 南鄒亞族
    - 四社群（高雄桃園、三民鄉）
    - 簡仔霧群（高雄三民鄉）
- 魯凱族 6970人
  - 下三社群（高雄茂林）
  - 魯凱亞族（屏東霧台）
  - 大南社群（台東卑南）
- 排灣族 60062人
  - 布曹爾雅族
    - 北排灣（巴武馬群：屏東）
    - 南排灣
      - 查敖保爾群：屏東
      - 柏利達利達敖：屏東
    - 東排灣（巴卡羅群：台東）
  - 拉瓦爾亞族（屏東三地鄉）
- 卑南族 8106人（舊稱「八番社」，即八個部落）：台東卑南
- 阿美族 120439人
  - 北部群（南勢阿美）：花蓮
  - 中部群
    - 秀姑巒阿美群：馬太安等五社
    - 海岸阿美群：加路蘭等三社
  - 南部群
    - 卑南阿美（卑南、台東市）
    - 恒春阿美（屏東滿州）
- 雅美族（蘭嶼：紅頭、椰油、朗島三個部落，3545人）
- 邵族（日月潭，頭社、卜吉社兩部落）

附記：人口依民國七十四年民政廳資料。

阿美族是母系社會，以老年人及年長階級爲部落的權力核心，每一部落有嚴密的政治組織。泰雅族是以泛血親群構成的父系社會，部落領袖由敵首祭的司祭氏族頭目所據有，政治領袖兼軍事領袖，司祭權則屬祭司。賽夏族是以地域和親屬關係的圖騰氏族爲社會組織的基本單位，若干同姓（同圖騰、同地域）家族聚居成一氏族祭團單位，若干村落聯合成一個部落，若干部落聯合成一部落同盟。鄒族以父系氏族爲構成單位，長老會議中最大氏族的長老爲頭目，是部落會議召集人，一切重要事務皆由部落會議通過決定，由各氏族之族長執行之。邵族是父系社會，氏族爲最大親屬單位，氏族與部落可謂一致，故氏族族長亦是地域領袖。布農族部落領袖兼具政治和軍事權，當領袖年老不能領導作戰時，長老會議推荐年青英勇的人來指揮作戰稱「士帥」。領袖去逝後士帥爲新領袖。

卑南族是以血族型認親法則爲基礎，長女繼承，有頭目而權力不大，「青年會所」和「少年會所」是軍事組織中心，青少年在此接受斯巴達式教育訓練。魯凱族的社會組織分貴族、士和平民三個階層，而以貴族階級制度（Caste System）最嚴格，部落會議由貴族最大頭目主持。排灣族的社會組織同魯凱族，以「團」爲部落構成單位，部落是一個共同防守、共同復仇的政治單位，長老會議是部落決策中心。

綜合以上各型部落社會，人類學家就政治組織的結構性，把部落分成三類。第一、單純的無領袖部落（Simple Acephalous Tribes），由若干個自治的人群（Bands）或村落所構成，這些部落沒有頭目，人類學中已知的半數社區都是這一類型，如雅美族。第二、無領袖的分支部落（Acephalous Segmentary），無明確界限的首領，由地域化的單系親屬所構的族群，如氏族，每一構成單位自成一個完整的政治組織，如鄒族、卑南族等，第三、中央集權的部落（Centralized Tribes），具有單一的權利中心，如國王、元老會，或其他形式的行政組織，古今所稱的「部落國家」大體上是這一型。

但是，部落畢竟不是國家，組織形態和規模都不同。（如表三，註三一）部落的政治整合是多地域性團體，有部分專職非正式的政治性人員，社區

表三　Suggested Trends in Political Organization and Other Social Characteristics

Type of Organization	Highest Level of Political Integration	Specialization of Political Officials	Predominant Mode of Subsistence	Community Size and Population Density	Social Differentiation	Major Form of Distribution
Band	Local group or band	Little or none; informal leadership	Hunting and gathering	Very small communities, very low density	Egalitarian	Mostly reciprocity
Tribe	Sometimes multi-local group	Little or none; informal leadership	Extensive (shifting) agriculture and/or herding	Small communities, low density	Egalitarian	Mostly reciprocity
Chiefdom	Multi-local group	Some	Extensive or intensive agriculture and/or herding	Large communities, medium density	Rank	Reciprocity and redistribution
State	Multi-local group, often entire language group	Much	Intensive agriculture and herding	Cities and towns, high density	Class and caste	Mostly market exchange

規模小，人口密度低，沒有歧視性的社會階級。很顯然的，部落和國家的分界不易劃分，政治學所指的國家，有時是指生產資源所有者控制下的政府。但有些人類學家如R. H. Lowie，則視國家為自治（Autonomous）村落、部落、社區、或民族的同義語。或認為凡發展出中央集權制度，對居住在一定地區的人群可以施行最後的法律、行政及軍事權力，無論其文化或種族是否單純者，均可稱之為國家。

伍、部落及部落國家在現代國家中面臨的困境與轉型

時代巨輪無情的向前輾壓，不能趕上或超越時代者，不是被丟棄便是被輾碎。一個國家不能發展出現代國家應有的內涵，而始終停留在部落國家階級，這個國家在國際上便沒有機會成為「已開發國家」，它象徵著貧窮與落後。一個部落存在於現代國家與社會之中，又想守住傳統，又不能隔離在現代社會之外，另成一個完全獨立的世界，部落也面臨到現代化或轉型的困境。以下就部落與部落國家所面臨的困境與轉型，區分四個層次概述。

一、部落社會解體、頹化與涵化問題

做為現代社會中的一個成員，特別是部落這種與現代社會格格不入的族群，不論部落成員是否脫離所屬族群的部落解體（Detribalization）模式，某種程度的解體是難以避免的。部落文化、藝術、風俗與生存技術的頹化（Regression）也幾近必然。再者，部落社會與現代社會相互影響或互動的過程（The Process of Interaction），其中居於劣勢的社會，它的文化受到優勢社會的文化之影響，發生急遽的變化，以求與居於優勢的社會文化相一致，此種涵化（Acculturation）現象可能是某些部落的最後結局。平埔族消失便是實例。全球各地的「極少數人口」族群，未來恐將全部「消失」。

但所謂部落的解體、頹化或涵化都是一個很長久的過程，且有許多相互牽纏的因素，而同屬一個複雜的網路。以台灣現有這十族原住民部落為例，也同樣要面臨這些問題，人類學家做了很悲觀的判斷，在可見的未來各原住民部落都可能次遞消失在這塊島嶼上。（註三二）因為有四個很難克服的事實，第一是人口，三十多萬原住民，由於通婚、身份認定、偏高的死亡率，偏低的教育程度和生存技術。第二是生存空間，山地原本貧瘠和不當開發，就業需要使大量原住民進入都市，不僅未能擴展生存空間，反而輾轉於都市邊緣，生存飽受威脅。第三是語言，原住民部落沒有文字，民族經驗和文化傳遞唯賴口耳相傳，特有的語言正在快速消中。第四是社會制度與風俗習慣，這是一個民族傳統最頑強的堡壘，不幸現在原住民部落的社會結構、禮儀風尚和傳統符號都在快速瓦解中。原住民部落從「實際存在」成爲「文化存在」，最後跌到「學術存在」。（註三三）這條不歸路光靠幾個政治人物的關心，能保住這個「黃昏族群」嗎？眞是天大的難事。

二、部落對現代化、民主政治和政治發展的適應

現代化（Modernization）、民主政治（Democracy）和政治發展（Political Development）是三個幾近可以互用的同義語，概念和內涵大致相同，組合成近現代的「最高價值標準」。它雖不是放諸四海皆準的定律，但違逆者「不死也半條命」。東歐共產國家及蘇聯的瓦解，不都是因爲違逆了這個「最高價值標準」，而一一垮台。中國大陸及第三世界的威權政體若不順從這個價位，適度進行各項改革，也支撐不了多久。民主化是大勢所趨。這也是中國大陸要改革開放的理由，關鍵在中國人選何種民主制度？

全球各地區的部落社會及部落國家，同樣受到這個最高價值所震懾、衝擊。理論上許多部落想都保住傳統，但現代價值有著無窮吸引力，不走向現代，就沒有未來；

接受民主，部落可能「亡種亡族」；守住傳統，部落永遠是部落——象徵落伍、貧窮、弱勢、黑暗和沒有希望。南非的赫騰圖人（Hottentets）至今仍在遊牧，布希曼人（Bushman）至今仍過著石器時代的生活。

很顯然的，若將民主政治（指西方資本主義式），視爲普世價值，所有的部落必將完全消失。因爲資本主義基本理論建構在「進化論」基礎上，部落更是只有「亡種亡族」一條路。

三、部落社會對國家整合、認同與安全的影響

部落社會在現代國家中所涉及最高層次的問題，應是國家整合（National Integration）、國家認同（National Identity）與國家安全（National Security）三者。整合的內容包括語言、文化、政治、精英、領土及各種價值系統的整合，現代國家勢必透過整合過程而形成，整合過程中人民對國家須產生認同感，乃是建國的基礎。若如人民普遍只認同於他方部落、族群，沒有認同中央的政治系統，便不能被稱爲現代民族國家。所以，國家整合不成與認同感欠缺，都可能導至戰爭、衝突、內亂、社會動亂，國家因而分裂、重組，其持續短則數十年，長達數百年，都使國家安全飽受威脅，人民生

靈塗炭。

剖析部落的本質是個有明顯界限的世系群（Lineage Group）、種族語言的紛歧（Ethnic-Linguzstic Diversity）、鄉土本位主義和歧異的宗教信仰，都與現代價值系統相衝突，對現代國家的影響是直接造成國家整合的障礙。在國際上的實例不勝枚舉，印尼、菲律賓、馬來西亞、南非等國家內部的少數族群問題，幾乎是國家「永遠的痛」，無解的命題。再以南非班圖族群（如表四，註三四）爲例說明之，在南非的民族國家整合最大障礙，是班圖族群各部落之間的歷史性敵意和南非政府的種族隔離（Apartheid）。一九四九年後，馬萊總理（Dr. D. F. Malan）開始實施「分別發展政策」，讓班圖各部落成立獨立的家邦（Homeland），最後企圖把「家邦」轉變成獨立的國家。這個政策推行數十年並未成功，因爲這就像把台灣十族原住民部落，弄成十個獨立國家——「布農民主國」、「卑南共和國」……同樣荒唐。

表四　班圖族群及人口分布圖

班圖族群	人　口
1. 索魯（Zulu）	4,026,000
2. 考沙（Xhosa）	3,930,000
3. 茲瓦那（Tswana）	1,715,000
4. 北所托（North Sotho）	1,604,000
5. 南索托（South Sotho）	1,453,000
6. 香格（Shangaas）	737,000
7. 史瓦濟（Seazi）	499,000
8. 文達（Venda）	358,000
9. 南恩德貝勒（South Ndebele）	233,000
10. 北恩德貝勒（Nothe Ndebele）	182,000

非洲地區數百年來爲歐洲人所殖民，隨著近現代民族國家的興起，許多部落一夜之間變成國家，最大的酋長成爲總統，有的酋長及部落長老成了部長、總司令。從未聞「民主爲何物」的土著，突然間要投票選舉、要組政黨、要議決公共政策，如此的「胡整」下去。結果多數的部落國家當然是即不像部落，更不像國家，人們發現國家給人民帶來的只有災難和戰亂，又把他的忠誠投向古老的部落主義。反之，部落主義也成爲國家整合、統一的障礙。這時候人在部落裡比身處國家更安全，部落安全比國家安全可靠多了。

四、部落主義轉型成現代民族主義的困境

廿世紀初，孫中山先生就認「民族主義是國家圖發展，種族圖生存的寶貝。」八十多年後的今天，還未聞有那些國家的領導階層敢說「我們不要民族主義，一樣過的好好。」都仍要依賴民族主義，做爲號召全民團結、愛國的「水泥」——民主的美國、我們中國、大如俄羅斯、小到以色列，都無例外的要抓緊民族主義。部落主義當然更須要「點石成金」——轉型成現代民族主義。

部落主義除了代表一種落伍、貧窮、封閉外，按泛非洲主義理論家巴德摩爾之見，

部落主義也象徵著「黑色好戰主義」。（註三五）部落主義某方面被視爲「原始的民族主義」，是故，新興國家爲求整合與統一之利，都對於將部落主義轉型成民族主義抱以高度期望。舉印尼爲例。

印尼在一九四九年獨立時，蘇卡諾總統（**President Sukarno**）提出建國五原理（**Pancasilla**）之一，就是用民族主義取代各種偏狹的意識形態（如部落、種族、宗教及地域主義等）。（註三六）這項設計的目標是期得到社會上各主要相對勢力的支持——回教徒與基督教徒、貴族與平民、共產黨徒與民族主義者、商業團體與農業團體、爪哇人和外島人，獲得某種妥協及和平相處，以利印尼之國家整合，形成足可固結全國民心的寶貝——民族主義。

在我國亦然。 國父在民族主義的演講中說：「中國人只有宗族和家族團體，沒有民族精神，所以雖然有四萬萬人結合成一個中國，實在是一片散沙。」又說：「民族主義就是國族主義，中國人最崇拜家族主義和宗族主義，所以中國人只有家族主義和宗族主義，沒有國族主義。」（註三七）家族主義和宗族主義正是部落主義重要內涵，

國父想把古老的部落主義（宗族主義和家族主義），轉化成現代民族主義，爲的便是國家整合及統一，現代民族主義依然爲兩岸統一負擔重擔——國家統一

但是，這個轉型工程何其艱難，就像東歐民族主義轉型面臨不能突破的障礙，各國學者都把東歐各國的民族主義定位成「部落型的民族主義」（Tribal Nationalism），視爲後冷戰時代國際最大亂源之一。

五、從部落主義反思現代國家發展的政治神話

當國家發展達到某種程度，例如國民所得若干，重要首長是否民選，便可稱爲現代國家（或已開發國家）。縱使開發程度很低的國家，如早期中國，在毛澤東時代就標榜他們所實行的才是「眞民主」。領導階層的心態似乎都一樣，只想要告訴人民，在他的領導下國家是多麼進步與民主，封閉落伍的部落主義早已遠離。事實上是不是如此？吾人以反思和批判的心情，對我國「中華民國在台灣」做一檢驗：我們是現代化民主國家嗎？

第一、在政治領域裡「大家長式的威權領導方式，國家大政完全由一個「長老」（李登輝）掌舵與決定，甚至家族政治或老人政治（Gerontocracy）的氣氛也很濃厚。台前固然有幾個年青人在「跑龍套」，但他不過是老人手中的木偶。過度「血統主義」傾向，在台灣各階層的權力結構中，構成許多政經資源優勢者——親族群（Kingroups），這正是部落社會的特質。第二、在民間社會各階層，始終流行著非理性、非科學，更反現代的「八卦」之風。泛靈信仰（Animism）、鬼靈信仰（Manism on Ghost Worship）及物靈崇拜（Fetishism）成了我們的「國教」；巫師（Sorcerer）、法師（Conjurer）和靈媒（Spirit Mediumship）普遍成爲一般國民的「指導教授」。你能不疑惑自己是否身處商周的部落、神治時代嗎？尤以南部地區最嚴重。

第三、成爲國家的條件是有中央權力制度，對管轄地區的人群有能力施行最後的法律、行政權。按此一標準自我檢視，目前台灣地區最後的法律與行政裁判權在那裡？從所有的公共政策、社會福利、法律執行、環保與經濟發展事項的起落，極少看得出國家最後法律與行政權發生甚麼功能！大多是「各部落自己幹啦！」

從中央權力運作模式看，我們像「中央集權的部落」（Centralized Tribes），有國王、元老會及一些形式上的行政組織。從欠缺最後裁決者，導至國家權力和版圖已被完全肢解（台灣又分北高兩國）的現況看，我們也像單純的無領袖部落（Simple Acephalous Tribes）或無領袖的分支部落（Acephalous Segmentery Tribes）。

也許，人們是需要一些國家神話（The Myth of The State）或政治神話（Political Myth），神話雖非事實，確與事實有關，因爲神話是事實的表現，這與弗洛伊德（Sigmunol Freual）說夢是願望的表現同樣道理。神話給人們有安慰與平衡的功能，神話目標雖永遠達不到，卻是統治階層權力體系的一部分。（註三八）但在一個眞正現代化的文明社會裡，神話不應發生太多功能，也就是說，神話應受限於知識。當統治者說，「我們是主權在民的民主國家，我們已經現代化……」身爲一個現代國民，就要用知識來檢驗、判斷，甚至批判：這是不是政治神話？假如連這樣也是神話，那人間豈不是神話最多的地方嗎？

陸、結語

本文論述部落主義在現代國家發展中的困境與轉型，從部落、部落主義及民族主義的基本概念開始釐清，接著探討古代與近現代以降中外各型部落社會與部落國家，篩選主要類型爲範例析論之。置重點於部落主義在現代國家中面臨的困境與轉型，包括部落本身的問題及在現代社會的適應，對國家整合、認同及安全上產生的影響。最後用一個最嚴格的標準來檢驗自命爲「現代民主國家」者，是否仍存有部落主義的色彩，並拿自己的國家爲檢驗對象，實在是本著「待別國從寬，律己國從嚴」的心情，非爲與自己國家過不去也！

傳統與現代須要整合，部落與國家、社會也須要整合，但整合不是要丟棄全部的傳統，更不能爲一個整體（國家）而使個體（部落）受到過度的制壓。部落主義要轉型成民族主義，使部落社會具有現代之內涵，國家整合的過程中將可減少一些「擦槍走火」，減低引發一些威脅國家安全的潛在因素。熱愛國家，期盼國家「青春不老、長治久安」，那麼我們用那一種方法：歌功頌揚她，或檢討批判她？

註釋

註一：張金鑑，中國政治制度史（台北：三民書局，民國六十二年九月，四版），頁一七—一八。

註二：同註一，頁二三。

註三：曹伯森，政治學（台北：三民書局，民國七十一年四月，九版），頁一二二。

註四：同註三，頁一一三。

註五：Encyclopedia Britannica，22th（U.S.A.: Encyclopedia Britannina, Inc., 1968），PP.226–227。

註六：Encyclopedia Americana，27th（U.S.A.: Encyclopedia Americana Corporation,

1957）, P.53。

註　七：戴旭璋，「部落主義」，邵宗海、楊逢承、洪泉湖編，族群問題與族群關係（台北：幼師文化出版公司，民國八十四年三月，初版），頁四三。

註　八：Adam kuper and Jessica Kuper, The Social Science Encyclopedia（London, Boston and Henley: Reutledge and Kegan Paul，1985）, PP.869–871。

註　九：同註七，頁四二－四三。

註一〇：荷馬（Homer），奧德賽（台北：曾文出版社，民國六十六年六月），頁一－一二。

註一一：同註七，頁四四。

註一二：同註七，頁四三－四四。

註一三：薩孟武，中國政治思想史（台北：三民書局，民國七十六年三月，增補五版），頁七－八。

註一四：文見尚書盤庚篇，趙林，論商代「眾」或「眾人」的社會地位，第一屆歷史與中國社會變遷（台北：中央研究院三民主義研究所，民國七十一年六月），頁一二六－一二七。

註一五：同註一，頁二三。

註一六：同註一四，頁一三三—一三四。

註一七：薩孟武，西洋政治思想史（台北：三民書局，民國六十七年六月），頁一一—一四。

註一八：Carol R. Ember Molvin Ember, Anthropology（New Jersey：Prentice Hall, Inc., 1990, 6thed）

註一九：雅典有十位將軍（Generals），一人為統帥（Strategos Auto-Krator），在政治不定與制度未臻穩固之時，凡有軍權者便可把持政權，所以執政官權力漸次為統帥奪取。同註一七。

註二〇：Will Durant，希臘的興起，第二卷（台北：幼獅文化事業公司，民國八十四年二月），第五章。

註二一：朱諶，近代西洋民族主義思想（台北：幼獅文化事業公司，民國八十四年八月），頁一三。

註二二：Carlton J. H. Hayes Parker Thomas Moon and John W. Wayland 合著翟國瑾譯，世界通史，上冊（台北：黎明文化出版社公司，民國六十九年八月，頁二〇九。

註二二三：七座小山岡是帕拉廷（Palatine）、卡匹杜林（Capitoline）、愷良（Caclian）、艾斯奎林（Esquiline）、阿溫庭（Aventine）、維密那（Viminal）和貴令那（Quirinal）。見註二〇，凱撒時代，第三卷，第一章。

註二二四：部落解體（Detribalization）一詞，在語源上指失去某種特徵的過程或狀況，而這些特徵可稱爲「部落的」（Tribal）。英國人類學家使用此一術語時，指個人脫離部落的情況；美國人類學家則包括喪失部落生活方式的個人及群體，故一個土著即使生活在他的部落裡，但生活文化與部落已經脫節，也可稱爲部落解體者。見雲五社會科學大辭典，第十冊，人類學（台北：台灣商務印書館，民國六十八年十二月，四版），頁二〇九。

註二二五：雲武社會科學大辭典，第四冊，國際關係（台北：台灣商務印書館，民國七十四年四月，增訂三版），頁一四六－一四八；頁二四三－二四七。本文有關泛非洲主義大多參考本書。

註二二六：同註二二五，頁一四六。

註二二七：同註二二六。

註二二八：邵宗海、楊逢泰、洪泉湖合編，族群問題與族群關係（台北：幼獅文化事業公司，民國八十四年三月），頁二七一。

註二九：平埔族應是台灣最早的原住民，其中一支拍瀑拉部落大約五千年前就延著大肚山西側居住　牛罵頭遺址是一個重要據點。最近清水遺址出土，挖掘出的人骨、灰陶、鐵器等，證實是平埔族中的拍瀑拉族，爲灰陶文化早期大約一千三百年前，台灣史前的最後一個階段，見民國八十七年三月一日自立晚報及當時國內各報報導。到了清代由於地理環境、文化、社會環境、生產和技術因素，終於難逃被漢化的命運。另見謝繼昌，「從埔番的式微來看台灣漢人的移民模式」，同註一四書，頁四七－六九。但到二〇〇九年時，有西拉雅族人欲爭取成台灣第十五族原住民，尚未成功。

註三〇：習稱「高山族」這支原住民的來源也是未定論，例如蘭嶼的雅美族（族人自稱達悟族 Tawo），在語言、文化上都與菲律賓最北的巴丹島族人有許多共通性，人類學家也認爲兩族之間存在著相當深厚的血源關係，可能是地殼運動造成兩地分隔。見八十七年三月一日自由時報及當時國內各報報導。本文有關台灣原住民資料，另參用姚德雄，九族文化村（台中：印刷出版社，民國七十七年十月，五版）一書。

註三一：同註一八，頁三九八。

註三二：同註二八，頁二四三。

註三三：同註二八，頁二四三—二四八。

註三四：同註二八，頁二六八—二六九。

註三五：同註二五、頁一四六。

註三六：江炳倫，亞洲政治文化個案研究（台北：五南圖書出版公司，民國七十八年六月），第五篇。

註三七：孫中山，民族主義第一講，國父全集，第一冊（台北：中國國民黨中央黨史會黨委員會，民國七十七年三月一日），頁一—二。

註三八：孫廣德，政治神話論（台北：台灣商務印書館，民國七十九年九月），頁八。

第二篇　論種族主義

民主美國·已成罪惡大國·

230萬 美國囚犯全球之冠

【本報綜合外電報導】「人權觀察組織」6日指出，美國囚犯人數多達230萬人，超過世界其他國家，創下美國有史以來之冠。

針對在6日發布的美國司法部數據，人權組織發表聲明指出，囚犯比例數據顯示，每10萬名美國人當中就有762名囚犯，相較之下，每10萬名英國人中有152名、加拿大有108人。

人權觀察組織美國區負責人法提表示，新數據證實美國是全球監禁人數最多的國家。美國人應自問，爲何美國關押的人數超過加拿大、英國等其他民主國家如此之多 2008.6.8.

除了囚犯人數居世界第一，新數據亦顯示美國囚犯的種族差異嚴重，黑人囚犯數目是白人六倍。根據司法部統計，年齡介於30至34歲間的美國黑人中，有近11%關在大牢中。

人權觀察組織指出，黑人涉及毒品相關罪行入獄的機率是白人的12倍「儘管白人人口較多，在毒品使用者中占大多數，但黑人卻占所有關押毒品初犯的54%。人间福报.

壹、前言

國家（State）這種典型的政治系統，算是人類歷史上存在最悠久的政治巨靈（Leviathan）。經過了三千年的變遷發展，直到近代所稱「主權國家」（Sovereign States）、「民族國家」（Nation-State, or National State）或「多族群國家」（Polyethnic State）等，已出現有二百多個國家。人們之所以不顧一切積極建立國家，其目的不外爲了共同利益、安全與生命財產的維護，更高尚的目標則是爲實踐倫理、道德、自由與公道的社會。

當人類已經邁入二十一世紀的今天，這些高尚的目標或目的仍得依賴國家完成之。可惜在國家整合（National Integration）的旅途中，依然困境重重，許多國家或地區，其革命、暴動、顛覆、殺戮等從未止息過，導至國家安全（National Security）經年累月處於動盪狀態，生靈塗炭。歸納這些造成國家整合與國家安全的基本困境，不外種族主義的困擾、地域觀念的衝突、宗教信仰的歧異，歧異性的社會階級及文化差異等。本文僅抽離種族主義這部份論述之，蓋因目前許多開發中國家都屬「多元種族」地區，但各種族之間又存在相當排外的「種族主義」。甚至進步如美國、德國這樣的國家，依然受種族主義之苦，使國家整合困難，潛藏著諸多威脅個人、社會和國家安全因素。

本文試從種族主義的界定、遠源與近因、理論與實踐、種族主義實踐結局之反省、當前世界各地種族主義問題及解決之道等幾方面論述之。

貳、種族主義的界定與問題釐清

種族（Race）的觀念從自然科學引出比較精確，動物界「屬」之下的分類是「種」，「種」之下是「亞種」。故人種是指人的自然分類，以共同的、遺傳的身體特徵爲依據，不論語言、風俗與國籍等。所謂「身體特徵」，包括有解剖學、生理學、心理學、病理學等方面的遺傳特點。這些在人類學（Anthropology）上有決定性的意義，「種族」是由此決定。

凡以種族的身體特徵，特指膚色及身體結構上的差別而定人種智能上之優劣者，謂之「種族主義」（Racism）。用此種論點爲唯一根據，而認優種之地位應高於劣種者，稱爲「種族歧視」（Racial Discrimination）。（註一）但二者在運用上並無實質的差異，例如美國白人之歧視黑人者爲種族主義者。本文對這兩個名詞視爲等同運用。

另一個與種族主義相近，常有誤用的名詞是「民族主義」（Nationalism），民族的構成是自然力，如傳統生活習慣、風俗、歷史、文化背景，或者還強調久遠的共同祖先（包含神話祖先）。可見種族和民族是不同的，這和一般所指的「民族主義」，是指對一個民族的忠誠與奉獻，特指由一種民族意識的感覺，將某一民族高舉於其他民族之上的作爲，並提倡某一民族的文化與權益（如政治獨立）。目前許多國家的動亂、分裂、戰爭，根本原因不是民族主義，就是種族主義，或二者雜揉不清。本文爲釐清問題，研究方便及讀者易於了解，只針對種族主義的研究。

但種族主義也因時代環境之不同，而有和緩或極端之別。如一九三二年「二十世紀拉胡斯辭典」（Larousse de XXe Siecle）認爲種族主義的定義是：「自稱代表純種德國人而排斥猶太人等的德國國家社會黨員。」一九四六年改稱「尋求使某些種族永保純粹的理論。」到一九四八年改成「力求保持一國之內種族純粹的理論。」一九六〇年再改「聲言一個種族團體優於其他種族團體的制度，尤其主張在國境內將其他種族團體隔開（種族隔離）。」一九六六年又加上「甚至企圖殲滅一個少數民族」語句。一九八一年把「制度」二字改成「思想」，把「殲滅」改成「消除」。（註二）此不過是一本辭典在不同年代所發行的不同版本，對「種族主義」的界定就有這麼多顧慮，也難怪種族主義會成爲國家整合的困境因素，影響國家生存、安全與發展。

種族主義也是人類社會發展的痛，邪惡的政治領導人或媒體，若欲歧視、醜化某一族群，便利用政治手段操弄，對社會大衆「洗腦」，久而久之，該族群便成「劣種」。早期歐美白人媒體操弄黑人，近年台灣獨派媒體（如自由時報）操弄「外省人」、「大陸人」，莫不使用種族主義。

參、種族主義形成的遠源與近因

如魑魅魍魎般的種族主義纏繞著國家，渡過漫長的歲月，在人類初始的舞台上，也有類似滅種戰爭或仇外事件存在，但無關種族主義。西元前十九世紀法老王賽索斯特利三世（Sesostris III）在埃及南部立一塊石碑：「禁止一切黑人由水路或陸路，乘船或隨伴牲口越過此界。越界做買賣者不在此限，彼等應受殷勤之接待，但所有黑人一概不許北上尼羅河越過厄城（Heh）。」（註三）據歷史考證，法老王的此項規定可能出於政治立場，與現代種族主義觀念無關，當然就不是為種族立場而立碑。但種族主義的形成總有其源頭及脈絡可循，吾人試著來探察一些遠源與近因。

一、種族主義的遠源：奴隸制度與反猶太主義

歷史發展常使人類意表之外，種族主義也是。有兩個歷史存在的事實，游走於人類歷史舞台數千年，初期發展都和種族主義無關，但最後都走上種族歧視之路。第一個存在的事實是奴隸制度，第二是猶太人的處境及反閃族主義的最初跡象。（註四）

人民在法律上被視為財產，在行為上被當作機械，這是奴隸制度（Slavery）的定義。不論古代中國或西方，都曾存在這種制度。古希臘及古羅馬的社會有貴族、自由民和奴隸三個階級，而以自由民和奴隸為社會的基礎結構。巴比倫的漢模拉比法典（Hammurabi）即規定有奴隸制度，柏拉圖（Plato, 427–347 B. C.）把人分三個等級，第一等是富於理智的「金質人」，為哲人階級，專職統治國家與發佈命令；第二等是富於勇氣的「銀質人」，為軍人階級，專職保國衛民及保護領土；第三等是富於欲念的「鐵質人」，為勞動階級，專職生產供給人民需要。三個階級之外是奴隸，柏拉圖視之「會說話的動物」，並不承認奴隸是人類的一部份，一切政治、經濟、教育權利都不准享有，只能做苦工。之後的亞理斯多德（Aristotle, 384–322，B.C.）更把國家之內全部的人簡化區分成兩個階級：統治者的市民和被統治者的奴隸。而這個區分是出於自然定律，按照亞代所說的「自然定律」，人類要達成任何目的，需要兩種人。即命令者和服從者。天賦很高的人發號司令，就是天生的主人，天賦低的就只能服從，

是天生的奴隸。但亞氏與柏拉圖都視奴隸和獸類沒有區別。（註五）

古代希臘、羅馬的社會，奴隸是社會的基層結構，經濟更以奴隸爲基礎，舉凡「農工商」的勞動全賴奴隸，羅馬甚至士兵和警察也用奴隸。須要大量奴隸，但羅馬的制度規定「本國人不能當奴隸，奴隸必須是外地。」羅馬只得對外擴張發動戰爭，不僅取得新土地，也得到新奴隸，戰爭成爲生產奴隸的方法。法國社會學家李維布呂（H. Levy-Bruhl）研究證實羅馬的奴隸制度是：

㈠所有的奴隸都是外地人。

㈡所有的外地人都是奴隸。（註六）

這種「本國人不能做奴隸，奴隸必須是外地人」的觀念，持續保留到近代。中世紀後觀念竟演變成外貌與本國人不同、種族不同的人做奴隸。最持久的奴隸制度是中世紀阿拉伯奴隸與十九世紀歐美黑人奴隸。奴隸制度大流行，終於導至我們今天所稱的種族主義。

種族主義的第二個遠源，是猶太人處境與反閃族主義（Antisemitisme），這是一個涉及更多變項的複雜因素所形成者。

猶太教徒爲逃避羅馬政府的政治紛爭，於西元六十六年與基督的信徒分道揚鑣發展，但後來基督教更得勢，且成爲羅馬國教。在漫長的歷史發展中，正統猶太人始終視基督徒爲背叛者。基督徒則自命爲以色列的認同者。在十五世紀時，部份猶太人雖皈依基督教，卻暗中信仰猶太教，於是猶太人被貼上「背義者」標籤。基督教的反猶太主義（Antijudaisme）逐漸變成「反閃族主義」（Antisemitisme），蓋因猶太人是閃族（Semites）。（廣義而言，猶太人、阿拉伯人、亞述人、巴比倫人及腓尼基人等都是閃族，但當我們用「Semitism」時，特指猶太人氣質，所以「反猶太主義」和「反閃族主義」也可以同用「Anti-Semitism」一詞。）

猶太遺民散居世界各地，因其獨特、堅持的宗教信仰，在西方世界漫長的反猶太浪潮中，成爲「異邦的劣等民族」、「具有一種毒的血統」，其「本質是犯罪的」。此實猶太人之裴哀，亦人類種族發展史上的悲劇。反猶太主義的成因，除了是宗教，主要還有經濟和心理因素，前者由於猶太人在貿易、經濟和各種自由職業上有顯著成就，引起其他民族的妒忌；後者由於同業競爭時每較猶太人落後的族群，自卑感作崇而團借重政治勢力，予以排斥或打壓。

早期的反猶太主義是宗教、經濟、心理因素，但到十五世紀在西班牙首度蒙上種族主義色彩。一四九二年西班牙政府爲「血統純正」理由，開始放逐猶太人，一五四七年重頒有關血統純正法令，對猶太人產生種族偏見愈演愈烈，一八八〇年時德國出現「反閃族主義」一詞，特定語意便是「敵視猶太人」，終於釀成二十世紀排猶、滅猶巨禍。二次大戰後，包含蘇聯、波蘭、東德、羅馬尼亞等共產國家，都依然是反猶太主義重鎮。

在阿拉伯世界反猶太依然是盛行的，猶太人經過無數大浩劫（Holocaust），只有一小部份住在中國的猶太人能得到平等、寧靜的生活。（猶太人最早移居中國在唐太宗時代，二戰時德國滅猶之際，有少數猶太人逃到中國，蔣公也同意大量移民來，惜不久山河變色。）當人類正在自誇現在已是「地球村」時，何不反省一下那副反猶太主義和種族主義的嘴臉呢？在美國、英國、澳洲、南非、德國、墨西哥……政客們一面高唱平等、博愛，實際上種族歧視已落實成為一種「生活方式」在進行，甚至成為政策在推行中。

二、種族主義的近因：印第安人、黑人、中國人與社會階級

猶太人過了二千多年次等人的亡國生活，飽受種族歧視的歷史最悠久。（註七）但此處的印第安人、黑人和中國人會成為種族歧視的對象，則才不過近數百年來的事，

這是種族主義的近因。

「階級」是社會發展的必然現象，芸芸衆生組成各種社會團體，成員必有教育、職業、家世、財產、性別、能力等不同程度，又爲社會分工之必須，故狹義的階級可以消除，廣義的階級不可避免。不幸的是某些社會階級理論成爲種族主義的溫床。

歐洲人開始宰割美洲印第安人（American Indians，或稱紅種人、紅印度人），起於十六世紀。教皇亞歷山大六世（Alexandre VI）頒旨，批准西班牙佔領美洲新大陸，爲了掠奪財富對印第安人展開殺戮，在「印第安商務局」主持下，把印第安人當成戰利品來瓜分，爲了「印第安人是低等動物？還是天生的奴隸？」有過精彩辯論。一五一九年，殖民者拉斯卡沙斯（B. de Las Casas）與哥倫比亞主教柯維多（Quevedo），在皇帝查理坎（Charles Quint 1500–1558，荷蘭、西班牙和德意志的統治者）御前辯論。柯維多引用亞里斯多德在「政治學」（Politique）的區分，直言「印第安人是低第動物，是天生的奴隸。」拉斯卡沙斯反駁：「我們的宗教以全世界所有國家爲對象……不會藉口某些人是天生奴隸，而剝奪他們的自由。」教皇積極干預此事，一五三七年保祿三世（Paul III）頒旨，承認印第安人是眞正的人類，可以接受信仰。（註八）此時印第安人才是「人」。

販賣黑人在十八世紀達到巔峰，依照在法國歷史學家戴湘（M. Deschamps）在「黑人販賣史」中估記，自一四五〇年以來，全世界有一千四百萬黑人被販賣。（註九）爲什麼被賣的幾全是黑人？一方面是歐洲人開發美洲的需要，後來成爲美國人發開的需要，當然種族主義者會說「黑人是天生的奴隸」。一八二〇年北部各州已認蓄奴爲非法，南部各州尙以蓄奴爲主人自由權利之一，把奴隸視同財產，可以自由買賣和轉讓，一八六〇年林肯（Abraham Lincoln）當選總統，主張解放黑奴，爲此美國南北分裂發生四年內戰，北軍先敗後勝，一八六三年一月一日林肯簽署「解放黑奴命令」，這一天起，美國黑白在理論上平等，不再有奴隸，這個命令後來成爲「第十四條憲法修正案」。

中國人曾經創造出世界重要的文明，是一支了不起的族群也是事實，但滿清中葉後海禁大開，西方強勢的物質文明竟打敗中國這支以精神文明爲主流的文化古國。從此，中國逐漸從「天下之中心」墜向邊陲，到　國父孫中山先生革命時，更落到次殖民地慘狀，「中國人和狗不准進出租界」。中國人接續當年的猶太人、印第安人、黑人之後踵，成爲人種中品質低劣者。　國父革命成功，中國人又經近一個世紀建設努力，被貼上這道種族歧視的標籤至今依然存在。只待未來中國強大、繁榮，徹底去除這標籤。

任何社會都存在階級現象，中外皆然。至今最受訾議者是印度「卡斯特制度」（Caste System），把人分成四個等級，第一等「婆羅門」（Brahmin，指僧侶、經師階級）；第二等「刹帝利」（kshastrya，指王室、官吏、軍人階級）；第三等「吠舍」（Vaisyas，指農、工、商的平民）；第四等「首陀」（Sudras，皀隸和社會公認不潔卑賤的服務業）。不同階級間不能通婚，政治、法律、經濟地位都不平等，聖雄甘地力主廢除卡斯特，但數千年根深蒂固的制度牢不可破。如著名的英國歷史學家史密斯（V. A. Smith）研究所得說：「印度教的深水不是輕易就被攪動的，雖然表面上可見到一些微波，底層的水依舊靜止不動。」（註一〇）

許多存在的事實，發展成種族主義的遠源和近因，「事實」不是理論，但有時候事實是檢證理論過程的一部份，「存在」的事實未必合理。只因爲「經常存在的事實」被人們的偏見合理化了，奴隸制度、階級制度、反猶太黑人、印第安人、中國人……許多種族偏見。許多國家因而不能整合，戰爭、動亂、分裂……一再惡性循環，追求國家安全和平難到是神話嗎？

肆、種族主義的理論與實踐

不斷出現同樣的「事實」，觀察者常誤以爲出現的是「理論」或「定律」。例如我們看到很多烏鴉都是黑的，便說天下烏鴉都是黑的，把所見當成理論或定律。這裡所說的種族主義的理論，便是這樣的一種謬論，可怕的是透過國家的力量去實踐這種謬論。除了前述黑人、印第安人等實例外，近代種族主義實踐的最徹底者，是南非「種族隔離政策」和德國「猶太滅絕政策」。某些人類社會學家甚至提出「定律」證明人種等級，更大大助長了種族主義者的傲慢與偏見。

一、種族主義的理論→謬論

高比諾（Arthur De Gobineou，1816–1882），法國人，代表作品「人類種族不平等論」四册，該書一開始詢問文明的「結束」這一命題：文明何以會滅亡？如何滅亡？他推翻一切既有的解答（制度、宗教、氣候等）。然後提出新解：關鍵在種族。而人類只有三個基本種族，黑人是最卑微的種族，黃種人是欲望薄弱且平庸的種族，白人是榮譽的種族。高比諾的著作在德國大受歡迎，公推他是種族主義理論家。

夏伯蘭（H. S. Chamberlain，1855–1927），英國人，一九一七年入德國籍，代表作品是「十九世紀之基礎」。他的基本思想是抗拒羅馬天主教與猶太教，以保衛日耳曼血統。排除用外表特徵衡量優良人種，必須使用「族內通婚繁殖」、「選種」、「混種控制」等辦法，才能培養出品質好的人種。他對德國抱有「神聖使命感」，死的時候希特勒親自出席他葬禮。

拉布奇（Vacher De Lapouge），法國人；阿蒙（La Loi D'Ammon），德國人。都是十九世紀重要的人類社會學者，他們提出科學，可以測量的數據為依歸，建立「長頭型優越定律」，以種族裡短頭型和長頭型的百分比來衡量優劣。結論是推崇長頭型的金髮白人，助長泛日耳曼主義和條頓沙文主義的神話。

羅森伯格（A. Rosenberg，1893–1946），俄國人，後歸化德國。一九四一年任德意志帝國佔領區部長，紐倫堡大審時判處死刑，一九四六年十月十六的受絞刑。他是納粹黨官方理論家，代表作品「二十世紀的神話」。他是徹底的種族主義者，排斥黑人、猶太人、法蘭西人，為鞏固國家的種族結構，種族必須淨化、改良。

二、理論付諸實踐：之一——殲滅猶太人行動

納粹德國屠殺猶太人是經過科學化、民主化的一連串政策執行之，先建立理論，形成政策，完成立法（含行政命令），執行殲滅行動。

重要法令規章頒佈：

一九三三年四月一日政府機關開始淘汰「非亞利安人」，接著律師、醫學等職業團體也開始排除猶太人。同年七月立法公佈「阻止有遺傳性疾病者留下後代」，有色人種首當其衝，一九三七年四月十八日希特勒親自下令「黑種私生子」立即執行節育手術。

一九三五年九月帝國紐倫堡會議通過公民權法，劃分帝國公民與僑民界線，只有公民才有政治權利。這是納粹黨綱四條的實踐：「要成爲公民，必須有德意志的血統，表態不能算數，因此猶太人不能成爲公民。」同月一日制定「保護德意志的血統與榮譽法」，德國人與猶太人不能通婚，嚴禁有婚外性關係。

一九三九年開始，凡違反種族法令者一律判死刑，反猶太的種族法令超過二百五十種，各種規定無奇不有。公共場所猶太人一律不准涉足，德意志兒童不能用猶太女子的奶……

系統化的殲滅程序，區分以下各個步驟：

第一、系統化搜尋猶太人，送往集中營。這是一九四二年一月二十日柏林「凡西會議」中決定的「猶太最終解決辦法」，一列車一列車的猶太人在槍口下被壓送集中營，婦女兒童都不能倖免。

第二、系統化殲滅。列車進入集中營，健康男子先留下做苦工，婦女、病人、老人及十五歲以下孩童立刻送進毒氣室（當時德國新發明的毒氣 Zyklon B 效果很好），屍體直接就進入人體焚化爐。波蘭一處叫「奧希維茲」的集中營，指揮官赫斯（R. Hoess）宣稱每天毒死、焚化的作業量是九千人。

第三、「醫學樣品收集」。爲了人類學、比較解剖學、人種、絕育手術實驗、純種亞利安人種繁殖與人種遺傳等各方面研究須要，不僅施之於猶太人，也施之於健康有缺陷、政治立場敵對或參加不良團體的亞利安人。

第四、吉卜賽人問題用「國家社會主義辦法」解決。因爲他們「是我們的寄生蟲，對我們有百害而無一利，會危及農民血液的健康與農民的生活方式。」吉卜賽人除了屠殺外，一部份用於斑疹傷寒及瓦斯抵抗力的實驗。除猶太人外，他們是唯一遭受集體屠殺的種族，共被處決掉二十萬吉卜賽人。

總計被德國「滅種」（Genocide）的猶太人是六百萬，約佔當時歐洲猶太總人口百分之七十餘。若使當時德國再晚數月投降，猶太民族將從地球上消失。

三、理論付諸實踐：之二——南非種族隔離政策

所謂「種族隔離」（Racial Segregation），是根據種族（Race）標準而將特定種族的人限制在一定範圍的做法，如一定居住區，一定的機構和一定的社會設施。（註一）這是許多統治集團人物為謀取經濟利益和優越社會地位常用的手段，如澳洲「白澳政策」、美國黑白隔離，到一九六〇年代都還是相當盛行的。

至於所謂「種族隔離政策」（Apartheid），是專指南非共和國執政黨「南非國民黨」所推行的種族政策，它係以種族隔離（Racial Segregation）為基礎，按人種不同（南非有白人約五百萬，佔全國總人口約百分之十五，黑人有二千四百萬人。）施以不同待遇。目的在保持歐洲白人在南非社會的主宰地位。以上按政策形成、重要立法及執行後果概述之。

第一、南非種族隔離政策的形成。一九四八年大選時國民黨揭櫫作為競選政綱，並因此主張贏得大選，國民黨執政後遂奉行種族隔離為基本政策，到一九六〇年代末期此項政策之設計已臻完備。堅持這種政策者的理由，認定每一種族有其獨自之命運

（Destiny）及對世界文化之獨特貢獻，不同種族因之必須保持隔離，沿其個別路線發展。不同種族的接觸將有害於種族文化的純淨（The purity of Racial Culture），應使此種可能性減到最低。

第二、種族隔離政策的重要法令規章。一九四九年，頒佈「異族通婚禁令」，一九五〇年再頒「背德法案」，禁止不同種族的人發生性行爲；同年的「分區隔離法案」，指定各種族必須居住一定地區。

一九五三年「班圖教育法案」，規定公立學校實行種族隔離，因爲教育必須顧及每個種族的個別使命；一九五九年「大學教育擴展法案」，非白人學生禁止在大學註册。

種族隔離的積極做法是「班圖斯坦」（Bantoustans, Homelands）的建立，南非境內個別黑人種族得擁有一部份土地，爲其發展自我文化之根據地，最後並得建立家邦（Homelands）獨立成爲一個國家。一九六三年獲南非政府同意「川斯凱」（Transkei）獨立，一九七七年「波布那」（Bophutha）宣告獨立，溫達（Venda）、希斯凱（Ciskei）亦先後宣佈獨立。但全世界無任何國家承認其獨立地位，聯合國視之不存在。因爲這就好像我們九族原住民吵著要自治，乾脆就讓他們獨立成九個國家，一樣的可笑荒唐。

第三、執行種族主義政策的後果。一個國家之內各種族不平等，種族引起的衝突、暴動、內戰或國家認同等問題，其實是必然的關係。國家整合因而困難重重，國家安全更是經常受到內外各種威脅。南非幾乎爲執行此項政策斷絕了所有國家關係。一九五二年羅馬天主教聲明「種族歧視違反人身權利。」一九七七年教皇保祿六世演說，譴責「種族主義劣跡昭彰」。國際上指稱公然違反聯合國憲章。聯合國發動制裁，要求各國與南非中止商業及外交關係。

反省我們自己，台灣在公元二千年到二〇〇八年獨派執政時，有一系列對「大陸新娘」，不公平的法令規定，雖未如南非之嚴重，某種程度上也是一種「種族歧視」。而游錫堃的「中國豬」論述，更是一種邪惡的種族偏見者，製造同胞間的仇恨，眞是莫此爲甚了。

伍、從解決種族問題的二個良性案例看對國家整合與安全的影響評估

種族問題的解決，若用不平等政策（如隔離）或如德國「國家社會主義辦法」，（註一二）都引起可怕的後果。但若採取比較平等、合理或民主之手段，則較能促進國

家整合，維護國家與內部居民的安全，至少這是一種良性辦法。

目前世界各地仍有許多難以解決的種族問題，如非洲蒲隆地和盧安達常有種族屠殺，胡圖族和突西族更爆發數百萬人死傷的大屠殺，聯合國和各大強權完全束手無策。一九九七年十二月墨西哥南部恰巴斯州發生種族屠殺事件，「阿克提亞村」含婦女、小孩在內，被屠殺四十六人，這是「札帕提斯塔民族解放軍」自一九九四年元月發動叛變，爭取印第安原住民權益以來，最嚴重的種族屠殺事件，墨西哥已瀕臨內戰邊緣。（註一三）但也有用良性辦法解決的案例。雖仍有諸多不滿，比較上也算是一種進步，以下列舉二個良性個案。

一、南非「後種族隔離時代」的展望

一九九〇年二月二日是南非共和國政治發展的分水嶺，戴克拉克總統（President De Klerrk）宣佈解除南非共產黨、非洲民族議會和泛非洲主義者議會的禁令。（註一四）非洲民族議會領袖曼德拉（Nelson Mandela）在被囚禁二十七年後終於恢復自由。流亡在外的南非共產黨領袖史洛夫（Joe Slovo）也回到國內。朝野各族群的共識是：攜手合作，結束南非的種族隔離。

戴克拉克宣布解除禁令的同時，在國會演說描述國家發展目標，建設一個完全新穎公正的憲政體系，所有公民在這個體系中將完全享受平等的權利機會，及生活各方面的平等待遇。黑人領袖曼得拉順利接任總統，也朝此一目標前進。但「戒嚴」了四十年的南非，一夜之間「解嚴」，也面臨著政經社會秩序全面崩潰的危機。再者，種族問題隔絕了半世紀，也不是一紙法令說改善就完成。美國解放黑奴，憲法規定黑白平等也已經一百多年了，至今到二十一世紀，黑白平等了嗎？明白人都知道種族問題依然是美國在內部安全上的潛在威脅。

一九九七年十二月，曼德拉以南非執政黨非洲民族黨主席身份，出席第五十屆黨代表大會。演說抨擊少數白人至今仍拒絕接受黑人建構的新秩序，黑人在政治上當家做主，但經濟、社會層面並無太多改變，有必要打破經濟上的種族歧視。現任副總統姆貝基也警告，未來若不能均霑經濟利益，南非黑白兩大種族衝突勢必難免。甚至有預測「曼德拉總統去世後，黑人將屠戮少數白人。」（註一五）相信這是世人所不願見到，但願在好望角能透露一點人類希望的光茫。

二、美國種族主義的現代面貌

林肯在一八六三年解放黑奴，一八六五年憲法第十三條修正案廢止奴隸制度，次年的「民權法案」使黑人與白人享有相同權利。憲法第十四條修正案規「無論何州，不得制定或執行剝奪美國公民的特權或特免權之法律。」第十五條規定「合衆國或任何一州，對於合衆國公民的投票權，不得因種族膚色，或以前曾爲奴隸，而否定或剝奪之。」（註一六）各種實施辦法在一八七五年以前陸續公佈，旨在保護黑人不受恫嚇，使黑人享有與白人同等的各項權利。

可惜此後的一百多年間，黑白平等都只是表象。各州藉口黑人識字程度、行爲表現、對憲法瞭解均不足，大量削減黑人的選舉權。南方各州強制執行「老鴉法」（Jim Crow Laws，老鴉是對黑人的蔑稱），在火車、電車上，實施種族隔離辦法：不同種族禁止通婚，禁止發生性關係。在醫院、監獄、墓地、旅館、戲院、團書館、電梯、教堂、學校等公共場所，全部實行種族隔離，最高法院初則默許，一八九六年裁決「雖隔離，但平等」。

二次大戰後，杜魯門、詹森總統開始爲黑白平等做出一些貢獻。一九五四年是重要分水嶺，這年五月七日最高法院推翻一八九六年「雖隔離，但平等」的判例，重判「教育隔離的狀況殊爲不平等」，爲執行這個新決定，聯邦政府竟須派國民兵保護黑人兒童入學，在密西西比大學因有黑人學生要註冊而引起暴動。在整個二十世紀裡，黑白衝突、暴動、暴力攻擊、傷害等事件，其實無年無月不有。

國父孫中山先生說對了，權利是革命得來的，絕非天賦。黑人的民權必須靠黑人自己力爭，金恩（Martin Luther king，1929–1968）的反種族隔離運動有重大貢獻，他受到印度聖雄甘地（Mahatma Gandhi）非暴力反抗思想的啓發，積極利用和平方式推動反種族主義改革而頻頻被捕下獄。一九六四年更獲諾貝爾和平獎的肯定，四年後（一九六八年四月四日）竟遭人暗殺身亡。一直到現在，三K黨殺害黑人，只服刑一年即獲釋放，或殺害黑人被判無罪的事件仍時有所聞。（註一七）而獄中黑人是白人十二倍。

無人能預測美國的種族主義是否那一天能善了！這個全世界的種族大熔爐，在林肯之後的許多政治家投入改革熱情，算是一個成功的範例。但他的創傷並未痊癒，「邁阿密暴動」、「洛城暴動」都因種族歧視而起。未來須要更多的林肯、金恩，憲法上的黑白平等才能眞正實現。

但這種期待是很悲觀的，比較樂觀的期待，或許黑人應該另外獨立成一個「黑人美國」，如此與「白人美國」談平等較可行。

三、從案例看對國家整合與安全的影響評估

種族主義對國家整合的衝擊，對國家安全的威脅，從理論上探究根本原因，是「自我為中心的意識」形成「封閉人格」，自然容易產生以「反對」代替「自衛」的行為。因為當「種族效忠」極度擴張，乃導至「分離主義」（Separatism），內戰之起，國家之亂，種族主義常是導火線。更擴而大之，自我膨脹（日本）成優種，侵略鄰國。

第一、種族主義導至國家分裂的威脅。

種族主義趨向激烈時便是分離主義，不論人種隔離或領土分裂，都是國家的分裂。在俄羅斯、波士尼亞、薩伊及許多國家的分裂，種族主義都是重要原因。冷戰後波士尼亞打了幾年內戰，就是因為波國境內的克羅埃西亞、塞爾維亞和回教徒三族群，都堅持「種族淨化」，各種族間存著不妥協的種族歧視。到一九九六年底在美國及國際協商下，暫時休兵舉行大選，卻在各族群不能妥協下勉強成立一種「國中有國」的政治架構（如圖一）。這種組織結構也等於埋下爾後分裂或內戰的火種，種族問題並未根本解決。此與南非「國中有國」的情形類似，都是種族問題的產物。

比較幸運的是美國，有過兩次險些因種族主義釀成國家分裂，第一次是十九世紀

中葉的南北戰爭，第二次是二十世紀初期「黑人共和國」運動，開始於一九三〇年「黑人回教徒」（Black Muslims）運動者德阿里（D. Ali），二次大戰後穆罕默德（E. Muhammad）接續推動。黑人回教徒對「空洞的平等」和「虛幻的合併」沒興趣，同化也不可能，根本解決辦法是從美國領土劃分一部份出來，讓黑人成立「黑人共和國」。他們的理論是用種族主義之道，反制種族主義，激進派領袖馬爾坎（Malcolm）就說：「合併是行不通的。它以黑白兩族平等為前提……而黑白兩族並不平等。白人是天生的惡魔，必須消滅。黑人將承繼大地，重新掌握權柄，恢復自己以往統治者的地位。」（註一八）所幸此種思想並未擴大漫延，美國在種族平等上也做出了成績，否則今日美國恐非如此。

圖一　波士尼亞「國中有國」政治架構圖

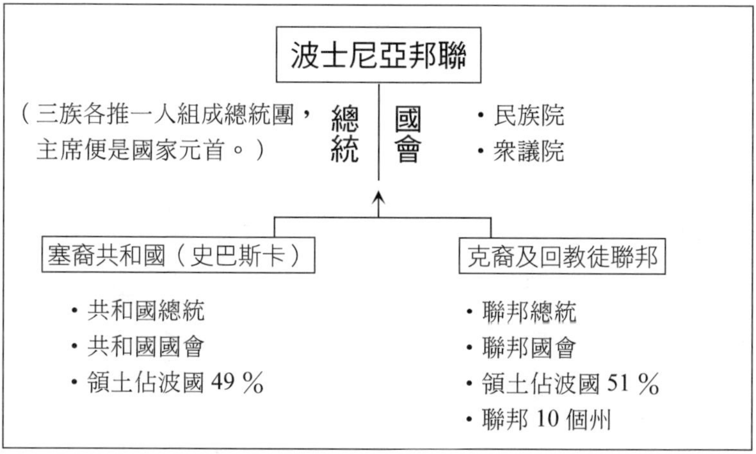

資料來源：聯合報，85 年 9 月 14 日。

第二、種族同質性對國家整合與國家安全影響

從國家整合面向分析，一個國家之內究竟種族愈多，愈增加國家整合的困難度，而使國家愈不安全；或反之，種族數量愈少，國家整合愈方便，愈能使國家常處安全狀態呢？依政治發展經驗檢定，種族數量愈多，「異質性」愈大；而種族同質性（Ethnic Homogeneity）則有利政治安定的形成。這是否表示同質性高就有利整合，代表安全，而異質性高就表示分裂與戰爭嗎？也未必是。

實證調查一九六〇年代全世界一三五個國家的種族同質性概況（如表一）。（註一九）按這個概況表只能看出某國家種族同質性高低，並不能確定與國家整合及安全有直接關係，因爲夾雜有其他原因（如共產主義、宗教、世仇等）。但純就種族而言，可試擬如下解釋：

㈠同質性高有利整合，故衝突、分裂、內戰比較少。但也有不少例外，如浦隆地、索馬利亞、黎巴嫩、盧安達、羅馬尼亞等，同質性都高，但國家常處不安，整合困難。南北韓之整合困難乃二戰後美國企圖在亞洲建立「國防前緣」的後遺症，非關種族。

㈡同質性低代表「異質性」高，動亂、戰事應較高，許多非洲國家（如概況表同質性低於百分之三十者），確實戰禍連年，整合困難，國家不安。例外較少，如加拿

附表一　世界一三五個國家種族同質性概況

國家		同質性%	國家		同質性%	國家		同質性%	國家		同質性%
1	北韓	100	37	中國（中共）	88	73	新幾內亞	58	109	多哥	29
2	南韓	100	38	奧地利	87	74	新加坡	58	110	馬來西亞	28
3	南葉門	99	39	黎巴嫩	87	75	中華民國	58	111	塞內加爾	28
4	葡萄牙	99	40	智利	86	76	阿爾及利亞	57	112	尼日	27
5	日本	99	41	巴拉圭	86	77	西班牙	56	113	蘇丹	27
6	海地	99	42	盧安達	86	78	緬甸	55	114	甘比亞	27
7	波多黎各	98	43	盧森堡	85	79	斯里蘭卡	53	115	菲律賓	26
8	香港	98	44	芬蘭	84	80	捷克	51	116	加拿大	25
9	東德	98	45	宏都拉斯	84	81	瑞士	50	117	幾內亞	25
10	西德	97	46	突尼西亞	84	82	美國	50	118	南斯拉夫	25
11	波蘭	97	47	薩爾瓦多	83	83	布瓦納	49	119	印尼	24
12	葉門	96	48	尼加拉瓜	82	84	厄瓜多	47	120	伊朗	24
13	埃反	96	49	科威特	82	85	摩洛哥	47	121	獅子山	23
14	浦隆地	96	50	馬爾地夫	82	86	羅德西亞	46	122	安哥拉	22
15	古巴	96	51	越南	81	87	比利時	45	123	馬利	22
16	多明尼加	96	52	以色列	80	88	千里達	44	124	尙比亞	18
17	愛爾蘭	96	53	烏拉圭	80	89	蓋亞納	42	125	賴比瑞亞	17
18	意大利	96	54	巴貝多	78	90	模里西斯	42	126	查德	17
19	挪威	96	55	保加利亞	78	91	秘魯	41	127	肯亞	17
20	丹麥	95	56	賴索托	78	92	寮國	40	128	象牙海岸	14
21	冰島	95	57	敘利亞	78	93	班尼	38	129	奈及利亞	13
22	亞買加	95	58	利比亞	77	94	馬拉威	38	130	南非	12
23	約旦	95	59	羅馬尼亞	76	95	瓜地馬拉	36	131	印度	11
24	哥倫比亞	94	60	土耳其	75	96	巴基斯坦	36	132	喀麥隆山	11
25	馬達加斯加	94	61	法國	74	97	莫三比克	35	133	塞耳	10
26	沙烏地阿拉伯	94	62	巴拿馬	72	98	阿富汗	34	134	烏干達	10
27	巴西	93	63	柬埔塞	70	99	剛果	34	135	坦尙尼亞	7
28	哥斯大黎加	93	64	墨西哥	70	100	泰國	34			
29	馬爾地	92	65	阿根廷	69	101	蘇聯	33			
30	索馬利亞	92	66	英國	68	102	波利維亞	32			
31	瑞典	92	67	澳大利亞	68	103	上伏塔	32			
32	阿爾巴尼亞	91	68	茅利塔尼亞	67	104	中非共和國	31			
33	希臘	90	69	塞浦路斯	65	105	伊索比亞	31			
34	匈牙利	90	70	伊拉克	64	106	加朋	31			
35	河蘭	90	71	紐西蘭	63	107	尼泊爾	30			
36	委內瑞拉	89	72	蒙哥利亞	63	108	迦納	29			

大的同質性低至百分之二十五，政治確頗算安定，國家發展亦受肯定。

㈢國家是否能夠現代化，與種族同質性無直接關係。如日本（99％）、法國（74％）、英國（68％）、新加坡（58％）、中華民國（58％）、美國（50％）、加拿大（25％）。換言之，種族問題可以經由現代政策解決。

㈣種族同質性低看似易於導至國家分裂，或常有戰事、衝突等，其實只要有良好的社會政策，平等的政經地位，種族平等政策落實執行，國家依然可以常處安全，無整合困難顧慮。如印度、菲律賓、尼泊爾、比利時、泰國等。當然這些國家也有動亂、內戰，但可能因爲宗教、共產主義或貧窮等，並未因種族問題造成國家認同問題、南非同質性低，但種族政策改善後應有良好發展。

陸、亞洲「種族問題櫥窗」——印尼排華運動

印尼由五千多個島嶼組成，東西長五千公里，南北寬二千公里，陸地面積一百九十餘萬平方公里，人口約兩億。一九四九年脫離荷蘭殖民獨立，到一九六五年止都是蘇卡諾總統（President Sukarno）獨攬大權時代，之後至今則是蘇哈托（Suharto）的「家天下」。可惜近數十年來幾近「定期性」的種族暴動——排華，使印尼的國家整

合陷於困境，國家與社會安全飽受威脅，最嚴重的一九六五年暴動中，華人死傷達五十萬人。一九九八年元月以來又因經濟問題引發種族暴動，遭殃者亦都是華人。

南東亞地區的印尼、馬來西亞均有以華人爲對象的種族問題，以印尼最嚴重。惟印尼的種族問題糾纏著宗教、語言、社會背景、經濟利益、國家認同及統獨問題等解不開的習題，是亞洲地區的「種族問題櫥窗」，深值探究。

一、目前種族暴亂——排華運動現況

印尼華人佔總人口百分之四，約六百餘萬人，但控有印尼經濟權約百分之七十以上。一九九七年亞洲各國面臨經濟危機，印尼更是一九九八年政治風險最高的國家。（註二〇）二月開始在蘇門答臘北部、爪哇各地區、龍目、松巴、佛羅里斯等全國各地掀起排華風潮（如圖二）。激進回教徒反華立場強硬，稱「要回經濟正義」，工商界放話「收回華人經濟掌控權」，指責華人缺乏愛國心。暴民攻擊華人商店住宅、縱火焚燒車輛，華人生命財產飽受威脅，軍警並未認眞執行鎭暴，大都故意拖延鎭壓，好讓印尼人怒氣能夠宣洩。（註二一）面臨這樣幾近「經常性」的種族暴亂，許多華裔中產階級也展開放棄一切移民國外的行動。

種族暴亂中也出現要求政治改革的聲音，大學生示威遊行要求蘇哈托下台、懲治貪腐公職人員，抗議物價飆漲。溫和派的回教活躍則願意跨越種族界線，主張各族群共同致力經濟與政治改革爲共同奮鬥目標。可惜數十年來決定國家整合成敗的一些基本因素未見有成，內部安全不保，社會動亂不安，可能是仍須面對的難題。這個亞洲「種族問題櫥窗」，可爲亞洲人解決種族問題之殷鑒。

二、印尼國家整合的基本困境

印尼國家整合的基本困境，概有宗教、語言、經濟、政治、社會及殖民地時代留下的統獨問題，困擾著這個新興國家，常處動亂不安，其實這已經超越了種族問題，而是「多元

圖二　印尼排華運動（種族暴亂）情勢
時間：1998.2

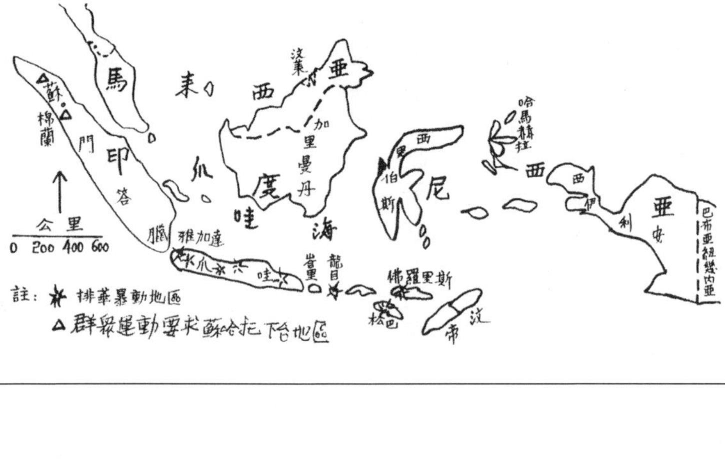

民族國家問題」。回教是印尼主要宗教，約有百分之八十五人口，其他是印度教（峇里島爲主有三百萬），東部各島是基督教和天主教，東帝汶百分之九十是天主教。回教徒又分兩派，一者稱「虔誠教徒」（Santri），次稱「名義教徒」（Abangan），而以後者居絕大多數。兩大派別不僅參與宗教活動程度不同，他們各具迥然不同的世界觀、價值觀和主觀取向，政治立場也尖銳對立，終於成爲兩大次級政治系統的對峙。但無論怎麼看，皆多少是跟種族和地域主義連結在一起。（註二二）諸多變項糾纏一起，便各說各話，沒有眞相，沒有理性。

印尼境內有三六六個具自覺意識的民族團體，使用二百五十種不同方言，各種族有自己的語言與文化，有自己的觀念和的習俗。譬如爪哇人大體上是雙系社會，蘇島北部的 **Batak** 人是父系社會，蘇島中部的 **Minaukabaus** 人則實行母系社會制度。爪哇人至今尚有濃厚的階級觀念，一般下層農工階級稱「**Wongtjilig**」，行政官吏和受過中上教育的知識份子稱「**Prijati**」，少數貴族以上稱「**Ndara**」，各島都有不同的文化區，都成爲國家整合的障礙。各島、各族群，形成一個個「部落」，沒有交集，沒有共識。

印尼華人是經濟上的優勢者，這和中國人教育素質高、勤勞節儉習性有關，但也和殖民時代實行「種族隔離政策」有關。荷蘭統治時期，不僅學校和法庭依種族對象而設，經濟上也是種族分工，由歐洲人執進口和大宗批發之牛耳，華人爲中間商和零售商，印尼人爲農作物的第一線生產者。印尼建國後對土著的經濟生活或不聞不問，或儘量壓低工作報酬，保持他們不重視經濟價值的傳統觀念，維持一個自給自足的經濟（Subsistence Economy）局面，土著欠缺以市場爲導向的競爭觀念，成爲經濟上的弱勢族群乃是必然。當經濟風暴掀起，華人成爲施暴的對象，責怪華裔不夠愛國，認爲只要把華人打垮了，印尼的經濟自然馬上會獲得改善。殊不知強弱之勢不僅是資金的掌控權，更重要的是知識、技術與管理，這方面土著尚不能取代。治本之道還是要從國家整合著手，揚棄種族隔離或種族偏見，共同致力印尼的現代化各項發展。

印尼的開國創建者也有超越種族、宗教的規劃，致力於各島人民能培養出一個「印尼社群」（Bangsa Indonesia）的共同民族意識。蘇卡諾就提出「建國五原理」（Pancasila），即民族主義、人道主義、民主政治、社會福利和信奉一位神。經過兩位強人（蘇卡諾、蘇哈托）統治半個世紀。證明建國五原理並未實現，定期性的種族暴亂使國家不安，整合困難。

另一個讓印尼國家整合更艱困的難題，是東帝汶的獨立運動，因獨立戰爭，三十萬生靈在槍口下喪命，東帝汶或印尼政府的下一步路，怎麼走？

三、諾貝爾和平獎對東帝汶的意義及統獨問題

一九九六年諾貝爾和平獎頒給印尼東帝汶的天主教主教貝洛及獨立運動領袖奧塔，這對印尼政府及蘇哈托總統自然是很難看，卻也反映了和平獎有高度的政治考量，係以謀求和平，消除不同種族隔閡、宗教間敵意與反對專制壓迫爲考量。當然也可以看成西方強權欲分裂印尼的陰謀，凡事總有正反看法。

早在十六世紀葡萄牙開始在東帝汶建立貿易據點，十九世紀初葡萄牙與荷蘭達成瓜分帝汶島協議，葡萄牙佔領東帝汶，荷蘭佔有其餘部份。一九七四年葡萄牙發生政變，新執政的左翼政府放棄殘餘的殖民版圖，八月竟丟下東帝汶而去。當地反印尼的「獨立東帝汶革命陣線」展開激裂鬥爭，十一月成立「東帝汶民主共和國」，內戰於是爆發。同年十二月七日，蘇哈托總統派兵佔領東帝汶，瓦解反印尼的革命組織，另籌組「人民代表理事會」，該會請求將東帝汶併入印尼，一九七五年七月東帝汶成爲印尼第廿七省。惟此舉聯合國至今都不承認，只有澳洲等少數國家承認東帝汶屬於印尼。

印尼以武力兼併東帝汶後，解放東帝汶的革命組織遁入山區，化整爲零進行游擊

戰，惟在印尼軍隊無情鎮壓下，東帝汶戰力幾近瓦解。原有人口八十萬的東帝汶，經三十年的獨立運動，死於戰亂和飢荒達三十萬人。一九九一年十一月十二日，三千五百名東帝汶青年舉行反政府示威運動，遭軍隊射殺，有二百人慘死。（註二三）東帝汶獨立運動已支付幾近一半人民的生命而未果，獨立的價值該如何評估呢？印尼為佔領東帝汶更付出高昂代價，屠殺、鎮壓，染上滿手血腥，賠上國際信譽，族群結下解不開的仇恨，未知和平獎是否能使和平可期？或帶來更多戰爭？

柒、鮮決種族主義問題之道——結論

當代德國「天之驕子」、網球名將貝克，最近選擇「叛逃」，逃離日耳曼，移居美國邁阿密附近小島「釣魚島」。起因是他（白人）娶了黑人當老婆（芭芭拉），兒子諾亞也長的像黑人，於是他受到「優種日耳曼」人歧視，連家人生命、安全都受到威脅。他不願在德國受到種族歧視的束縛，他將會抑鬱終身，他深愛老婆、孩子，他深信黑白平等。唯一的選擇是出走。

這樣的劇情全世界每個地方經常上演，而「大戲」不知何時會出現在國際舞台的中央。當讀者閱讀本文時，非洲的種族戰爭、殺戮，某些地區的種族屠村（如庫德族、俄羅斯、波士尼亞等）可能正在進行，印尼的排華運動是華人的夢魘。種族主義根本解決之道要從思想、理論、立法、政策執行及生活層面落實執行之，只要有一層面落空便全面落空。許多國家的憲法、法律都明文規種族平等，但規定了幾十年或百餘年都不能執行，以下試提幾點爲本文結論。

第一、思想「迷思」（Myth）必須破除，特別是利用生物學分類來處理人類分類的「假科學」、「假理論」，種族研究者把人比照動物、植物分類，分出幾大族群，按上優等或劣等符號，這是「生物學分類走火入魔的結果。」「迷思」要破除、批判，就像我們批判篡國竊位、貪污腐敗及一切的意識形態，「假科學」久而久之，習以爲常後便「以假亂眞」。人就是這樣被毒害，便自命自己是「優種」。

第二、立法及行政工作上落實執行。在憲法和法律位階上，多數國家都能訂立「種族平等」條款，惟在各有關子法立法及行政工作執行是比較困難的大工程。例如台灣的原住民問題，法律都訂了平等條款，但在實務工作上（山地人口外流、家庭社會問題　恢復姓名、山地保護、原住民教育等等）如何呢？

第三、種族平等絕不能只在文字、文書、文物上打轉，必須在思想上生根，展現在生活內容裡。凡不能成爲生活者，種族平等可能就只好用做考試題目，頂多成爲「學術」研究。

從歷史發展看，絕大多數種族歧視是邪惡政治領導人（如希特勒、陳水扁、游錫堃）操弄，媒體（如德國納粹媒體、台灣自由時報）給人民拼命「洗腦」所造成，結果是使一個族群歧視另一個族群，凡此應立法禁止。

第四、各國受到種族歧視者，如美國黑人和印第安人，南非黑人，台灣及許多國家的原住民，都是政經社會地位的弱勢族群，這是數百年種族歧視的結果。弱者非罪，強者如知錯能改，「知錯就改，從來不會太遲」。一百二十三年前美國首位黑人進入西點軍校，被歧視退學，最近美國陸軍重新爲這名「史密斯」的黑人授少尉軍階。（註二四）這是一個「樣板」，也仍有象徵意義，改錯從來不嫌遲。

這是一個「大和解時代」，先是民主與共產的兩極和解，接著是海峽兩岸和解、南非黑白和解、台灣內部個黨派和解。移民族群與原住民和解，例如紐西蘭政府爲一百五十年前強奪原住的毛利人（恩加塔胡族）土地，提出一億多美元賠償金方案。（註二五）種族主義也順勢須要大和解，畢竟任何種族都有天才和呆子，沒有那一種族全是天才，或全是呆子。

展望未來，廿一世紀，乃至更久遠的大未來，挑戰國家整合及威脅國家安全的重要禍源，將不是傳統的國家與國家的戰爭或衝突，而是諸如各種恐怖組織，「武裝幫派」（Militarized Gangs），「種族民兵」（Ethnic Militia）等「次國家」（Sub–State）組織間的權利鬥爭。（註二六）每個人都是未來各種權利（力）的主掌者，種族主義即是亂源禍害之一，何不未雨籌謀，先就建立正確看法，實踐「種族大和解」呢？

註釋

註　一：胡述兆，「種族主義」，羅志淵，雲五社會科學大辭典，第三册，政治學（台北：台灣商務印書館，民國七十八年一月，第八版），頁三六二。

註　二：Francois de Fontette，種族歧視（Le racisme），王若璧譯（台北：遠流出版公司，民國七十九年十二月十六日），頁一—二。

註　三：同註二，頁一七。

註　四：關於這兩個歷史存在的事實，可參閱註二書，第一章各節。

註　五：薩孟武，西洋政治思想史（台北：三民書局，民國六十七年六月），第一篇，第二章。

註　六：同註二，頁一九。

註　七：以色列建國於西元前一〇一三年（我國西周，周穆王十一年），前九三三年分裂出一個猶太國。以色列於前七二二年（春秋，平王四十九年）亡給亞述，猶太國於前五八六年（春秋，定王二十一年）亡於巴比倫。以色列和猶太人是同文同種，且同一國家，但常被混稱。

註　八：同註二，頁三六―三八。

註　九：同註二，頁三九。

註一〇：江炳倫，亞洲政治文化個案研究（台北：五南圖書公司，民國七十八年六月），第三篇。一般社會學也討論「社會階層」（Social Stratification），有三種類型：貴族系統（Estate System）、卡斯特系統（Caste System）、階級系統（Class System）三者。這種不平等現象並非人類生活中所固者，在人類早期狩獵與採集社會中，並未出現不平等。以人類存在的近四萬年來，約一萬年前人類新技術開始進步，不平等的階級就開始出現，工業時代達到頂峰，後工業時代開始和緩。可見不平等的階級制度未來仍是存在的，只看如何改良使制度日趨人性化而已。另見謝高橋，社會學（台北：巨流圖書公司，民國七十三年六月，一版），第十章。

註一一：邵宗海、楊逢泰、洪泉湖編，族群問題與族群關係（台北：幼獅文化事業公司，民國八十四年三月），頁五〇－五三。

註一二：德國自希特勒組織「國家社會主義工人黨」（National Socialist German Warkers Party），簡稱「納粹黨」（Nazism）。其理論淵源於黑格爾、尼采、俾斯麥、馬克斯、恩格斯等，混合稱「國家社會主義」，完全偏離一般國家社會主義的常規。納粹主義實爲一種族的國家社會主義，以種族主義爲基本精神。「卍」是象徵種族的純粹，後來成爲納粹黨的旗幟。

註一三：自由時報，民國八十六年十二月二十五日。

註一四：南非共產黨成立於一九二一年七月三十日，是非洲大陸第一個共產黨組織，也是世界上最早共產黨之一，一九五〇年被南非政府查禁。比南非共產黨更早的反對運動是非洲民族議會（African National Congress），幾乎與南非聯邦（Union of South Africa）先後誕生，聯邦於一九一〇年成立，非洲民族議會成立於一九一二年，以爭取黑人平權爲目標。一九六〇年三月，非洲民族議會發生分裂，急進份子另組「泛非洲主義者議會」（Pan- Africanist Congress），同年全被南非政府宣布爲非法，旋即轉入地下活動。見註一一書，頁二六七—二七六。

註一五：聯合報，民國八十六年十二月十七日。

註一六：許世楷，世界各國憲法選集（台北：前衛出版社，民國八十四年六月），美國憲法部份。

註一七：同註二，頁一〇六—一〇九。

註一八：同註二，頁一〇八—一〇九。

註一九：彭堅汶，孫中山三民主義建國與政治發展理論之研究（台北：時英出版社，民國七十六年十二月），頁七十六。

註二〇：中央日報，民國八十七年元月二日。

註二一：中國時報，民國八十七年二月十四日。

註二二：江炳倫，亞洲政治文化個案研究，頁一一一—一三〇。

註二三：中國時報，民國八十五年十月十二日、十三日。

註二四：「史密斯」，一個出生在哥倫比亞的黑奴，一八七〇年，即內戰結束後第五年進西點軍校。在校受到白人學生歧視，百般欺凌，不能和白人同學一起用餐，晚上被人潑灑糞尿，最後竟以考試不及格被開除。儘管這麼多磨難，史密斯仍逆來順受，在校待了四年。美國陸軍於一九九七年九月二十二日爲這位史密斯追頒軍官證書及少尉金質領章。陸軍部長魏斯特說：「知錯就改，從來不會太遲。」詳見聯合報，民國八十六年九月二十四日，第十版。

註二五：自由時報，民國八十六年九月二十四日。

註二六：Steven Metz，蔣永芳譯，「美陸軍變革的戰略意涵」，國防譯粹，第二十五卷一期（民國八十七年元月一日），頁二三。

第三篇　論民族主義

卡昊女王：還我王國

▲「夏威夷王國政府」首腦瑪希拉尼‧卡昊女王（右），她和追隨者4月30日衝進舊王宮伊歐拉尼宮的大門，佔據王宮的廣場，迄今每天在廣場上搭起帳篷開會，宣稱要恢復夏威夷王國。（美聯社）

壹、前言

民族主義和已研究過的種族主義看似類同，實則本質與實用全然不同，種族主義可謂人類歷史中的渣滓，而民族主義可稱是「寶貝」。孫中山先生在講三民主義時都強調中國若不恢復民族主義，將要亡國亡種，他說「民族主義這個東西，是國家圖發達和種族圖生存的寶貝。」（註一）爲什麼不說「種族主義是國家圖發達和種族圖生存的寶貝呢？」可見國家圖發達是靠民族主義，種族的生存後發展也要靠民族主義。喪失民族主義，國家將會導至亡國，種族也會滅種，這就是民族主義的威力。由此，也引出了本文主題：民族主義對「國家整合」和「國家安全」的影響，現代國家幾乎都是多民族國家，極少一個國家是由一個單一民族所組成。故國家之內的各民族需要「整合」（Integration），以求安定、安全及發展。縱使一個單一的民族國家（National State）境內也有各種族，也需要一些整合工作，否則國家可能也難免於戰爭、動亂、不安或其他危機之威脅。如第二篇附表一所示，同質性高，但整合不佳也有戰爭。

民族主義雖號稱「國家圖發達和種族圖生存的寶貝」。它依然不是萬靈丹，打開數千年的國家興衰存亡發展史，利用民族主義進國家整合、統一，或超國家之統合，也可能因民族主義使國家趨向分裂。以民族主義爲藉口對外發動戰爭。是歷史舞台上的重要節目。「少數民族主義」（Micro-Nationalism or Mini-Nationalism）強調民族自決，主張脫離現有民族國家而獨立也帶來許多戰禍。這些簡直是一部民族主義戰爭史。

因此，若將「民族自決」上綱成「各民族自行決定前途」，可能全世界百分百的國家都要陷入分裂戰爭。因爲大家都想獨立，小小的台灣也能獨立出二十個以上的「國家」。

民族主義究竟是福是禍？其實端看什麼立場、什麼層次來判斷。「主義」只是一種思想、一種力量，也不僅是寶貝，也是一支寶劍，看握在誰的手裡！看這個民族如何用它！也可以是一把屠刀，看使用者的「心」。

貳、民族主義的界定與問題釐清

民族主義的涵意究竟爲何？其語意複雜，難於界定，乃在「民族」（Nation）與「國家」（State）的觀念連接在一起之故。在辭海上解釋民族的組成要素，有「以血統、生活、語言、宗教、風俗習慣等相同而結合之人群曰民族　」（註二）這和　中山先生在民族主義第一講所述民族的起源相同，但　國父認爲這五種力是天然進化而成，不是用武力征服得來的，由此亦可區分國家和民族的差別。（註三）現代政治學者深入研究構成民族的各種主、客觀因素，民族可以說是由血統、生活、語言、宗教、風習、歷史、地理、意志、國家等九種因素所形成的政治系統。（註四）這九種要素在民族形成過程中，扮演的角色輕重各有不同，難以等量齊觀。例如宗教對猶太民族的生存、安全、整合，有無比重要性，但對中華民族的形成便不是重要因素。而國家強大可以保護民族成員免受欺壓，失去國家保護的民族，即使不致滅種，也受到虐待或奴役，猶太民族的亡國復國歷程就是實證。

綜上所述，民族是許多人共同具有的一種心理情境，它是一種主觀的現象，當大家都覺得他們是屬於一體的，或說有一種「一體感」存在，認同於同一群體或社會時，這個民族便存在了。

「民族主義」就是根據各種民族構成的要素，主張所有人都應歸屬於一個並且只能屬於一個民族，也是身份和忠誠的焦點。身爲民族一份子，要爲民族利益與發展做出貢獻，由此便產生了「排他性」。民族主義的界定及指涉的相關問題才更複雜，應稍加釐清以利更深入討論時之瞭解。

一、民族主義的界定

各種民族主義的定義中，以　孫中山先生所定義者最簡單，他說「民族主義就是國族主義，在中國是適當的，在外國便不適當。」因爲中國自秦漢後，就已是一個民族造成一個國家。（註五）　國父的定義即然只適用於中國，而且是用來批判或平衡家族主義與宗族主義的，所以不能當成一個具有普遍性原則的定義。

蔣中正先生也爲民族主義下過定義，他在「三民主義與五權憲法概要」中說：

民族主義是什麼意思呢？就是要求我們中華民族獨立，享得眞正自由平等的幸福；同時並主張世界個民族獨立，一齊享受自由平等的幸福。換句話說，就是一面不許外國帝國壓制中國，同時我門中國不壓制旁的民族或國家。（註六）

蔣公所指應是民族主義之目的、目標或使命者。當代政治學者認爲民族主義是一種民族特質或民族性的心理狀態，是一種意識形態、是一種政治運動。（註七）綜合各家之說，我們暫且把民族主義做如下界定：對一個民族的忠誠與奉獻；尤其是指一種民族意識的感覺，並提倡該民族的文化與權益（如政治或經濟獨立），建立民族國家的過程。這個定義也許並不完全週延與確定，但至少可以歸納出兩個要點。

第一、它是指建立民族國家的理論，強調原則上每一個民族應有屬於自己的國家，這個國家必須是獨立的，在國際上有獨立的政治地位，有獨特的歷史文化。

第二、是忠於民族國家的一種意識，強調民族每一個成員要認同自己的民族，忠於自己的國家，爲了保衛民族國家的生存、發展、光榮或利益，必要時犧牲奉獻也在所不惜。

二、民族主義的分類

民族主義即然是一種心理狀態、意識形態與政治運動，那麼必然會呈現「百花齊放」的多元現象，不可能是「定於一尊」的，通常是依照時代需要而出現某一類型的民族主義，尤其當民族（國家）爲抵抗外來侵略、爲內部整合統一、爲確保安全，甚至爲向外擴張，都會應當時需要而凝結出一種屬於「當代主流」的民族主義。從社會學觀點，民族是一種衝突團體，民族主義只是團體間反對和衝突的形態，按團體權利鬥爭標準，區分民族主義爲四種類型：

㈠霸道民族主義（Hegemony Nationlism）：這是指十九世紀開始的民族統一運動，標準模式是德、義兩國以武力統一後，進而發展成侵略性的帝國主義。

㈡自主的民族主義（Particularistic Nationalism）：主張先求文化上的自主，進一步求脫離統治的國家而獨立。奧匈帝國的分裂、蘇聯的瓦鮮屬此模式。

㈢邊界的民族主義（Marginal Nationalism）：居住在兩國邊界地區，具有混合文化的民族主義，這些人民常有文化認同失調或衝突現象。

㈣少數民族主義（Nationalism Minority）：少數民族爲維護自己的文化傳統，反對同化，堅持使用母語，信奉傳統宗教，確保平等地位的奮鬥等。（註八）

從心理學觀點，認爲團體心理是個人心理的統合，區分民族主義時著眼於心理因素及運作等，概分三類：

㈠意識的民族主義（Conscious Nationalism）：民族成員有意識地追求民族目標，贊揚本民族之歷史文化及價值等，對其他民族則採取敵視態度。

㈡潛意識民族主義（Unconcious Nationalism）：民族成員是在不知不覺中受到本民族的各種價值影響，用本民族的標準來判斷一切事務，這是一種非理性的反應。

㈢精神的民族主義（Spiritual Nationalism）：尊重其他民族，無分族群、階級、性別、信條等，只因其文化對人類文明有貢獻，便可成爲合作、尊重的對象。

民族主義除了前述分類外還有許多種類，例如依地區、國別、文化程度都能加以區分，有按民族主義的性質區分成十六種。（註九）

三、民族主義的演進發展

自十五世紀以來的文藝復興、宗教改革、白話文學運動及地理大發現等，民族意識紛紛覺醒，十六世紀馬基維利（N. Machiavelli, 1649–1527）的「君王論」應爲民族主義的早期著作。但一般學者大多肯定近代民族主義萌芽於十八世紀，主要理由有三：

第一、盧梭（J. J. Rousseau, 1712–1778）的浪漫主義甚具民族主義情懷，他的「總意志」（General will）頗能用來解釋民族國家至上的觀念。

第二、波蘭三次遭到奧普俄三國瓜分（1772, 1793, 1795），波蘭人深感國家對人民的重要，失去國家，人民將似孤魂野鬼。

第三、法國大革命本來是「自由平等博愛」的民主革命，因受普奧聯軍干涉，乃凝結出「雅各賓民族主義」（Jacobin Nationalism），舉國掀起愛國熱潮，民族主義由擁護王權，轉變成保衛國土，共拒強敵。

十九世紀更是民族主義狂飆的年代，概可分成兩大流派。首先是高舉「自由民族主義」（Liberial Nationalism）大纛者，義大利統一是這個理念的體現，代表人物有邊沁（J. Bentham，1748–1832）、馬志尼（G. Mazzini，1805–1872）和密勒（J. S. Mill, 1806–1873）等人，主張各民族應以和平方式，建立民主自由的獨立國家。其次是闡揚「統合民族主義」（Integral Nationalism）者，它體現在德國的統一，黑格爾（G. W. F. Hegel, 1770–1831）是代表人物，強調民族至上，國家是人民理性的最高實現。由於德、義建國成功，民族主義風起雲湧，十九世紀號稱「民族主義的世紀」。

二十世紀的民族主義更滲入反帝、反殖民、仇外和左傾的濃烈色彩，成爲各民族追求民族自決（National Self-Determination）的「泛民族主義」（Pan-Nationalism）時代。

首先是歐戰尾聲前夕，美國總統威爾遜（Thmoas Woodrow Wilson, 1856–1924）所提出的「十四點」和平計畫，正是民族自決的具體提示，舉其要點：

㈠公正調整所有殖民地人民要求。

㈡沿著可辨識的民族界線，調整義大利國界。

㈢給予奧匈帝國內的民族以自治發展的機會。

㈣給予顎圖曼帝國的土耳其部分有明確的主權。

㈤重建波蘭、比利時、法國。

但這些列強的承諾，從一九一九年巴黎和會到第二次大戰結束大多沒有實現，亞非各民族只得自求解放，紛紛脫離殖民母國爭取獨立。在中國也乘著這波民族自決的浪潮，尋求解決我國的民族問題，對外是中國民族自求解放，消除外國侵略壓迫；對內是中國境內各民族一律平等，反對帝國主義及共產主義。 國父就說「歐洲大戰停止後，美國總統威爾遜鑑於世界潮流，大倡民族自決。這民族自決，就是本黨底民族主義。」（註一〇）這民族自決就是民族主義之論述，只適用於當時特定環境。

第二次大戰時一九四一年八月十四日，英美兩國再度提出「大西洋憲章」（Atlantic Charter），宣言中包含威爾遜的民族自決原則，明確表態英美兩國不求擴張領土，樂見各民族都能回復其被剝奪的主權權利和自治，促進各民族之平等與合作，侵略國家放棄武力並裁軍。

大西洋憲章是一九四五年聯合國憲章中有關民族自決規定的張本。後者第一條規定聯合國宗旨爲：「發展國際間以尊重民族平等權利及自決原則爲根據之友好關係，並採取其他適當辦法，以增強普遍和平。」「促進國際合作，以解決國際間屬於經濟、社會、文化、及人類福利性質之國際問題，且不分種族、性別、語言或宗教，增進並激勵對於全體人類之人權及基本自由之尊重。」

時序進入二十世紀九〇年代，全球各地泛民族主義熱潮不減，泛歐洲民族主義運動有了成果——歐洲共同體於一九九三年正式成立。東歐變局與蘇聯解體，除經濟和意識形態外，民族主義亦是決定性力量，其他如兩德統一、北愛爾蘭民族主義運動、加拿大魁北克獨立、當前俄羅斯民族問題等等，無非各民族追求的那份「歸屬感」或「認同感」。

綜觀這個泛民族主義的二十世紀，有四種力量使得國家成爲最高的政治團體，使得民族主義成爲最高的情操。興起一個世紀的普遍性迷思（Myth）：一切事情只要爲了國家或民族都是對的：

㈠領土及人民統一的成功。
㈡民族國家權力的擴張。
㈢民族文化的成長和增加覺識。
㈣增加被刺激的民族情感的國際權力衝突。（註一一）

當「民族」（Nation）和「國家」（State）充份體現，並結合成「民族國家」（National State），勿論單一民族國家或多族群國家，民族和國家就拉上了直接關係，民族主義對國家整合和國家安全更有「立即而明顯」的一體感。以下是以民族主義爲核心，從無數個變項中抽離三個面向：統合、整合與分離，亦三個實例，看民族主義這把利刃是如何把國家拿來任意擺佈。

參、統合性的泛歐洲民族主義運動：「歐洲合眾國」

二十世紀的泛民族主義也出現另一種更大統合的「泛運動」（Pan-Movement）現象。這是國與國之間，或民族與民族之間呈現的整合現象，但類型不外民族、種族、文化、宗教、地理性等五種，此種超國家或超民族的統合，也稱「泛民族主義」（Pan-Nationalism），或「大民族主義」（Macro-Nationalism）（註一二）我們可以說這是一種超越國家、民族、種族、文化、宗教、地理的民族主義運動，這方面的統合運動又常以地緣取向或整個洲大陸與爲基礎，期望統合同一地緣範疇內的各民族國家成爲一個超民族的共同體。

歷史上的泛民族主義運動，絕大多數的運動目標是失敗的，如泛日耳曼民族運動、泛斯拉夫民族運動、泛拉丁主義、非洲民族主義。（註一三）什麼道理呢？因爲任何擴張之理念與行動，均有反擴張的回應與其對抗，結果「泛運動」和「反運動」常導至兩敗俱傷。到二十世紀結束前，唯一泛民族主義有俱體成果應是「泛歐洲民族主義運動」——一九九三年歐洲共同體的正式建立。

一部歐洲史實際上就是歐洲各民族之間的摩擦、衝突、併合、分離的戰爭史，經過無數慘痛的經驗和教訓，歐洲各民族終於體認到彼此命運休戚與共的依存關係，任何民族的生存與光榮不可能建立在另一民族的死亡屈辱之上，此休戚與共的「一體感」即蘊育著早期歐洲統合理念。法國理想主義作家聖皮埃爾（Saint Pierre，1658–1743）、德國啓蒙運動哲士康德（I. Kont，1724–1804）都曾提出統合構想，而法國社會主義理論家聖西門（Saint Simon，1760–1825）則是「歐洲統合運動之父」。

歐洲各國經歷拿破崙的「武力統合」及兩次世界大戰的教訓，終於覺悟：武力統合，並非建構歐洲統一之道。乃開始推展以歐洲民族意識爲基礎的和平統合歐洲的嘗試，一九二六年有「泛歐會議」，主張建立「歐洲合衆國」；一九二九年法國外長白理安（A. Briand）在「國聯」演說，倡議成立「歐洲聯邦」；法國前總統密特朗提出「歐洲邦聯」構想。

統一歐洲的雛型是從經濟面著手，一九五一年成立「歐洲煤鐵共同體」

（ECSC），一九五七年「歐洲經濟共同體」（EEC）、「歐洲原子能共同體」（Euratom）相繼成立，一九六七年三共同體併合爲單一的「歐洲共同體」（EC，簡稱歐體）。使歐洲統合出現峰迴路轉的新契機，是一九九一年十二月歐體在荷蘭馬斯垂克（Maatricht）舉行高峰會議，各國同意在政治、經濟、內政上進行全面整合，並簽署「歐洲聯盟條約」，揭櫫未來歐洲政經統合之目標。

歐體成員國計有法國、德國、英國、義大利、荷蘭、比利時、盧森堡、愛爾蘭、丹麥、希臘、葡萄牙和西班牙，總部設在比利時首都布魯塞爾，部長會議爲其決策機構，共同體委員會爲執行機構，歐洲議會爲諮詢機構和監督機構，歐洲法院爲仲裁機構。「歐洲聯盟條約」自一九九三年十一月生效後，歐體對外改稱「歐洲聯盟」。

目前歐洲聯盟已具有大國條件，若能按計畫完成政經統合，可望在本世紀末晉陞爲世界超級強權之列。（註一四）惟歐洲聯盟並不是一個「歐洲聯邦國家」（United State of Europe），未來能否順利發展成類似「歐洲合衆國」者，關鍵還在「民族主義」、「國家整合」、「國家安全」這三道習題的統合互動，理由如下：

第一、歐洲統合能否成爲一個超國家的主權大國，例如邦聯、聯邦或歐洲合衆國的形態，各民族國家是否願意讓渡出部份國家主權，委由超國家的統一機構行使，這才是關鍵。一九九二年十二月歐體在愛丁堡高峰會議中，決議同意丹麥可不加入聯盟條約中的共同安全政策、公民資格認定標準、警務、司法、外來移民等整合事項，這表示民族國家（Nation-State）和聯邦主義者（Federalizatianist）仍然存在分歧對立，對歐洲統合是不利因素。

第二、各民族國家之所以不願把國家主權讓渡出來，國家安全是重要因素，有「主權」才有「安全」是一般國民內心所牽掛的，畢竟人民最在乎「安全感」。民族國家給人最多安全感，這也是近代民族國家興起的原因。兩次世界大戰的原因，幾乎都含有保衛國家主權的要素存在，國際聯盟的失敗和聯合功能的受限，都是爲了無可侵犯的國家主權。爲此，歐洲統合若想成功，必須要在「安全感」上下功夫，如果歐洲泛民族主義運動的整合過程和目標，能夠提供各國家及其人民更多的安全感，人民甚至可以放棄獨立國家的追求，而支持歐洲統合或合併。波多黎各人願意放棄成爲一個獨立的國家，合併入美國就是實例。顯然他們對安全感的追求，超越了對主權的追求，故捨主權而顧安全也。（註一五）實在是因爲「安全」，是人類最「原始」的需要。

第三、就民族主義的性質、內涵言，歐洲統合的前景是樂觀的。歐洲共同體之能正式建立，由於有共同的歷史傳統，共同的安全需求，共同的拉丁語源，這些是「泛歐洲民族主義運動」能夠開花結果的基礎，再加上不論身處於歐洲的那一角落，安危榮辱的「一體感」，更有利於歐洲統合。

第四、另一個對泛歐洲民族主義發展有利的是經濟因素，歐體早先的整合就是從煤鐵、原子能和經濟層面的共同體開始的。後冷戰經濟保護主義的流行，大國基於人衆地廣資源豐富的看法，國際社會已開始另一種新的整合，許多國家組合同盟或整合更有競爭力的關係，以便在未來面臨更大市場競爭下，有生存空間。如北美自由貿易區的設立，這種區域整合的趨勢，成員有 高參與意願，因此形成對泛民族主義運動發展一個有利的環境。

肆、從「蘇維埃民族」到俄羅斯民族問題

曾爲世界超級強國、共產世界的司令台、稱霸全球半個多世紀的蘇維埃社會主義共和國聯盟（Union of Soviet Socinlist Republics，U. S. S. R.，簡稱蘇聯Soviet Union），終於在一九九一年十二月戈巴契夫（Mikhail Sergeevich Gorbchev）執政時，突告解體。問題出在那裡？各界至今仍有很多研究，但就民族主義觀點來看，可謂民族主義打敗了共產主義，蘇聯的民族政策並未消滅其內部各民族成員的民族主義和各民族畛域，

各民族主義高揚，民族糾纏不清的問題，終於導至一個巨強帝國的解體。

蘇聯解體後，各民族共和國紛紛獨立成主權國家。俄羅斯承繼前蘇聯部份國際上的權利與義務，惟因民族政策的失策，政經利益的衝突，俄羅斯內部各成員（共和國、自治省、邊區、州）紛紛要求或自行宣告獨立。民族情仇與民族主義是導至這種分離的要素，也許在那個一夜之間，俄羅斯又如同蘇聯一樣解體了，聯合國一夜之間又多出十個主權國家。

一、「蘇維埃民族」整合失敗：國家解體

蘇聯是多民族國家，國內民族多達一二〇種，主要者約十餘民族。（附表一）（註一六）惟共產主義者認爲民族是一個歷史範疇，它和國家一樣有其產生、發展和消亡的過程，最後各民族都將消亡並融合爲一體，這與「工人無祖國」是一樣論調。但民族尚未消亡之前，民族問題乃是無產階級問題之一部份，且階級利益高於民族利益，無產階級專政的結果就可以消滅民族主義。所以蘇聯的民族政策可以說就是要消滅境內各民族之民族主義，而整合成一個單純的「蘇維埃民族」。一九七七年蘇聯憲法序文就有所謂，蘇聯社會「已產生人類新興之歷史共同體——蘇維埃人」。（註一七）一九

附表一　「蘇維埃民族」，一九八九年普查資料

蘇維埃民族種類	人口（百萬）	占蘇聯總人口百分比	宗教信仰
（斯拉夫民族）			
俄羅斯人	145.1	50.8	俄羅斯正教
烏克蘭人	44.1	15.5	俄羅斯正教
白俄羅斯人	10.0	3.5	俄羅斯正教
（波羅的海民族）			
拉脫維亞人	1.5	0.5	基督教
立陶宛人	3.1	1.1	天主教
愛沙尼亞人	1.0	0.4	基督教
（高加索民族）			
喬治亞人	4.0	1.4	喬治亞正教
亞美尼亞人	4.6	1.6	亞美尼亞正教
亞塞拜然人	6.8	2.4	回教（shi'a）
（中亞諸民族）			
烏茲別克人	16.7	5.8	正統回教
塔其克人	8.1	2.9	正統回教
土庫曼人	4.2	1.5	正統回教
吉爾吉斯人	2.5	0.9	正統回教

資料來源：Vestnik statistiki, 1990, No. 10, pp, 69-71.

八六年戈巴契夫在第二十七屆的黨政協會中指出，蘇維埃的民族政策是社會主義的傑出成就，因爲它可以將各民族壓迫永遠消弭，並將人民因著相同的經濟利益、意識形態及政治目的而凝聚成一個單一的「蘇維埃民族」。（註一八）蘇聯爲消滅民族主義，鞏固共產帝國，自始自終從列寧、史達林以降，以下三個政策都堅定地執行。

第一、各共和國厲行民族雜居，外族人通常佔百分十至四十，哈薩克的外族人高達百分之六十以上。此類大移民通常是強制性的（含流放、勞改、墾荒等），舉例如：

赫魯雪夫爲墾荒有一五〇萬斯拉夫

人移居中亞；

一九四四年間大批車臣、殷古什人遷徙哈薩克；

史達林強制舉族遷移者有卡拉齊、卡爾梅克、巴爾卡爾、克里米亞韃靼、日耳曼等各族人。

第二、推廣以俄羅斯語爲各民族的共同語言，以建立共同文化和心理質素爲目標。據一九八九年調查，蘇聯總人口二八五七四萬人中，以俄語爲母語者一六三五〇萬人，以俄語爲第二語言者六九〇〇萬人，二者合計二三二五〇萬人，占蘇聯總人口百分八十以上。

第三、俄羅斯族爲蘇聯最大民族，佔總人口二分之一強。蘇聯將俄共建設社會主義、共產主義理想加於少數民族，將俄羅斯人大量移往各共和國，各共和國共黨第二書記幾乎全部爲俄羅斯人，居住其他共和國的俄羅斯人有二五〇〇萬人之多。

原來蘇聯歷經半個世紀強力進行民族大融合，所謂「蘇維埃民族」依然只是虛構，只停留在政治口號，所進行的國家整合並沒有具體成果，整合不成則國家解體乃是必然。各民族主義高揚，並未因共產統治及大遷移而使民族意識消失。各民族在蘇聯解體後，就是依照各民族區域的分佈狀況，各自建立主權國家。

二、當前俄羅斯民族問題：國家整合困難

俄羅斯聯邦本身也是一個多民族國家，根據民族區域自治政策，將整個國家領土畫分成自治共和國（Autonomous Republic）、自治省（Autonomous Oblast）、自治專區（Autonomous Okrug）、省（Oblast）、邊區（Krai）、直轄市（Federal Cities）。惟其數量歷來常有調整，目前全國共畫分八十八個主體，除非民族自治區域（省、邊區、直轄市、自治省）外，其民族自治區（共和國、自治專區）如表二、表三、圖一（註一九），由此可見俄羅斯聯邦境內民族問題的複雜。有二十一個民族建立自己的共和國（表二），有十個民族建立自治專區（表三）。

俄羅斯的八十八個次級單位目前也幾乎個個求去，分離主義高漲，地方意識高揚，特別是各民族之民族主義浪潮狂飆。俄羅斯又面臨如前蘇聯同樣的國家整合困難，戰爭、動亂與衝突此起彼落，國家安全飽受威脅。其概況如後。

㈠少數民族積極尋求獨立建立主權國家

1.已通過主權國家宣言，刪去原來國名中的「自治」字樣有：韃靼、楚瓦什、巴什基爾、布里雅特、雅庫特、卡爾巴達——巴爾卡爾、卡爾梅克、卡拉恰伊——切爾

表二　俄羅斯聯邦各共和國民族人口比例概況

共和國名	面積（萬平方	人口（萬人）	民族人口占總人口比例（%）		首　都
卡累利亞	17.24	79.61	卡累亞 10	俄羅斯 74	彼得羅扎沃茨克（Petrozavodsk）
科米	41.59	126.59	科米 23	俄羅斯 58	西克提夫卡爾（Syktyvkar）
莫爾多瓦	2.62	96.42	莫爾多瓦 32	俄羅斯 61	薩蘭斯克（Saransk）
楚瓦什	1.83	134.00	楚瓦什 68	俄羅斯 27	切波克沙里（Cheboksary）
馬里	2.32	75.39	馬里 43	俄羅斯 47	約什卡爾–奧拉（Ioshkar-Ola）
韃靼斯坦	6.80	365.83	韃靼 49	俄羅斯 43	喀山（Kazan）
烏德穆爾特	4.21	161.92	烏德穆爾特 31	俄羅斯 59	伊熱夫斯克（Izhevsk）
巴什科爾托斯坦 (Bashkortostan)	14.36	396.35	巴什基爾 22	俄羅斯 39	烏法（Ufa）
卡爾梅克	7.59	32.50	卡爾梅克 45	俄羅斯 38	埃利斯塔（Elista）
車臣	1.93	128.93	車臣 58	俄羅斯 23	格羅茲尼（Groznyy）
殷古什			殷古什 13		納茲蘭
達吉斯坦	5.03	182.26	阿瓦爾人 (Avars) 28	俄羅斯 9	馬哈奇卡拉（Makhachkala）
北奧塞梯亞	0.80	63.75	奧塞梯亞人 (Ossetians) 53	俄羅斯 30	弗拉季高加索（Vladikavkaz）
卡巴爾達–巴爾卡爾	1.25	76.83	卡巴爾達 48 巴爾卡爾 9	俄羅斯 32	納爾奇克（Nal'chik）
卡拉恰伊–切爾克斯	1.41	75.70	卡拉恰伊 31 切爾克斯 10	俄羅斯 42	切爾克斯克（Cherkessk）
阿第蓋	0.76	79.80	阿第蓋 22	俄羅斯 68	邁科普（Maykop）
哥爾諾–阿爾泰	9.26	20.00	阿爾泰 31	俄羅斯 60	哥爾諾阿爾泰斯克（Gorno-Altaysk）
哈卡斯	6.19	51.30	哈卡斯 11	俄羅斯 79	阿巴坎（Abakan）
圖瓦（Tuva）	17.05	31.35	圖瓦 64	俄羅斯 32	克孜勒（Kyzyl）
布里雅特	35.13	104.84	布里雅特 24	俄羅斯 70	烏蘭烏德（Ulan-Ude）
薩赫(雅庫特)（Sakha）	310.32	110.00	雅庫特 33	俄羅斯 50	雅庫茨克（Yakutsk）
猶太自治省	3.60	23.20			首府比羅比詹（Birobidzhan）

註：巴什科爾托斯坦原名巴什基爾。
來源：寒放，〈在俄羅斯的版圖上–民族自治區域簡況〉，《世界知識》，1993 年第十期，第 16–17 頁。

克斯、莫爾多瓦、馬里、科米，計十一個共和國。

2.車臣、殷古什於一九九二年分裂成兩個共和國，即不簽署「新聯邦條款」，一九九一年時俄羅斯總統舉行全民公決也均不參加，他們堅決獨立，並透過戰爭手段達成之。

3.日耳曼人原居伏爾加日耳曼自治共和國（Volga German A. R.）於一九四一年被撤銷，一九九二年獲葉爾辛同意重新建國。

4.韃靼、巴什克爾托斯坦、哈薩克斯坦三個共和國，已簽署三邊政治經濟協定，明確表示不再接受

表三　俄羅斯自治專區簡況

自治專區名	面積（萬平方公里）	人口（萬人）	首　府
涅涅茨（Nenets）	17.67	7.50	納里揚馬爾（Naryan Mar）
科米－彼爾米亞克（Komi-Permyak）	3.29	25.20	庫德姆卡爾（Kudymkar）
漢特－曼西（Khanty-Mansi）	52.31	130.50	漢特－曼西斯克（Khanty-Mansiysk）
亞馬爾－涅涅茨（Yamal Nenets）	75.03	29.30	薩列哈爾德（Salekhard）
泰梅爾（Taimyr）	86.21	7.20	杜金卡（Dudinks）
埃文基（Evenki）	76.76	2.40	圖拉（Turu）
烏斯季－奧爾得布里雅特（Ust-Ords Buryat）	2.24	18.90	烏斯季－奧爾登斯基（Ust-Ordynskiy）
阿加－布里雅特（Aga-Buryat）	1.90	9.50	阿金斯科那（Aginskoye）
楚科奇（Chukchi）	73.77	20.20	阿納德爾（Anadyr）
科里亞克（Koryak）	30.15	4.80	帕拉納（Palana）

來源：同表二

聯邦中央號令。

(二)地方意識高漲尋求脫離俄羅斯而獨立

省和邊區是俄羅斯聯邦支柱，領土和人口都遠比共和國多，但有不少正要求與共和國平等地位，甚或發表宣言自稱「主權國家」者。

1. 沃洛格達省議會已通過決議稱「主權國家」；阿爾漢格爾斯克省擬改名為「濱海共和國」；斯維爾德洛夫斯克（Sverdlovsk）省宣言要成立「烏拉爾共和國」。

2. 遠東地區是俄羅斯的「殖民地」，一九九一年十月「遠東協會人民代表」在伯力集會，提議建立「遠東共和國」，也有提議成立「西伯利亞聯邦」，甚有「北亞聯合國」之提議者。東西伯利亞的兩個邊區（伊爾庫茨克、克拉斯諾雅爾斯克），正考慮合組「東西伯利

圖一　俄羅斯民族自治區域圖

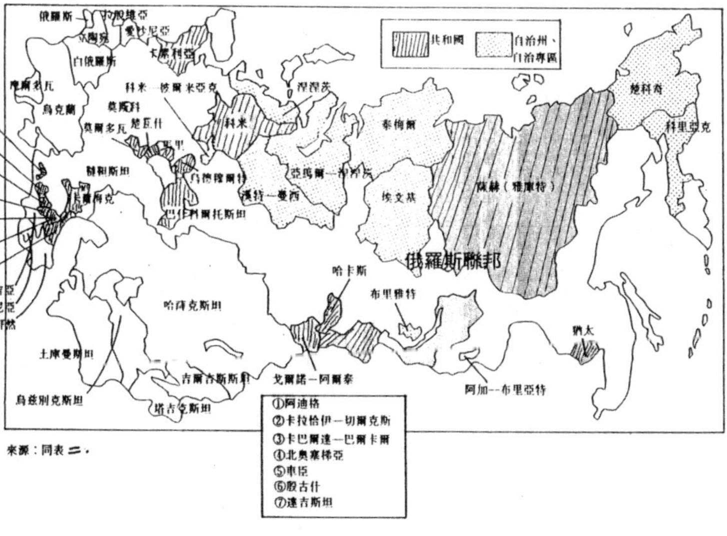

來源：同表二。

亞葉尼塞共和國」，正在尋求建立共和國的還有庫爾（Kurgan）省、奧倫堡（Orenburg）省、彼爾姆（Perm）省。

3. 一九九一年間爲是否建立共和國舉行公投的有托木斯克（Tomsk）省、伯力邊區。警告要變更省地位的有列寧格勒省、加里寧格勒省，暗示有宣布爲共和國可能。

㈢居住在俄羅斯境外的俄羅斯族人處境艱困

俄羅斯民族總人口約一億五千萬人，佔前蘇聯總人口約百分之五十一，惟因蘇聯時代的民族政策需要，有大量俄羅斯族人被迫大遷移，目前境外俄人約二五〇〇萬人，如烏克蘭一一五〇萬人，白俄羅斯一四〇萬人，哈薩克坦斯六三〇萬人，烏茲別克斯坦一七〇萬人，波羅的海三國及高加索三國有二百多萬人。都引發許多民族衝突和分離運動。

綜合檢視俄羅斯境內民族問題，是民族主義高揚，各成員（民族自治區、共和國、省、邊區）興起獨立建國的熱潮，對俄羅斯聯邦而言，是國家整合的嚴重衝擊，也是國家安全的嚴重威脅，略疏幾點：

第一、蘇聯的瓦解，今日的俄羅斯又面臨可能解體的威脅，民族政策是這長期國家整合過程中最大的失敗，這表示長期引爲依據的民族理論、政策是錯誤的。爲國家整合及安全之考量，民族政策需檢討改弦更張。

第二、各少數民族主義高漲，但俄羅斯民族主義也在抬頭，宣稱要「保護二五〇〇萬境外俄羅斯人的權益」，若各自都激化其民族主義，不僅增加中央和地方的對立，更刺激分離主義，徒增加速俄羅斯的分裂瓦解，故應小心翼翼由政治談判行之。

第三、爲鞏固俄羅斯聯邦主權與領土之完整，防止國家分裂瓦解，一九九三年十二月十二日經全民投票通過的俄羅斯聯邦憲法，就有如下規定：

第四、條第一款：「俄羅斯聯邦之主權擴及其所有領土。」第二款：「俄羅斯聯邦憲法及聯邦法律在全俄羅斯領土上擁有最高地位。」第十五條第一款：「俄羅斯憲法具有最高法律效力，直接適用於全俄羅斯聯邦領土上。」第六十六條第一款：「共和國之地位由俄羅斯憲法及共和國憲法規定之。」（註二〇）

憲法規定是一回事，尋求獨立建國者均相應不理，甚至不惜以戰爭決定之，俄羅斯前途實在可慮。獨立！戰爭！分裂！整合！考驗這裡的政治領袖們，利益與安全孰重？全要還是選項呢？

伍、東歐民族主義之分離、整合與轉型

一九八九年起東歐共產國家先後垮台，少數民族受到歧視，民族間的衝突不能解決是促成馬列政權演變的重要因素之一，對共產主義揭櫫的國際主義是一大諷刺。（註二一）民主化浪潮來勢洶洶，抗拒民主改革者非傷即死，如東德統一社會黨（SED）總書記何內克（Erich Honecker）、保加利亞共黨總書記日夫可夫（Todor Schiwkoff）、捷克共黨總書記雅克石（Milos Jakes）、羅馬尼亞共黨總書記希奧塞古（Nicolae Ceausescu）等。不到兩年間，共產主義竟一一被拋進歷史的灰燼中。

當民主化浪潮席捲東歐時，絕大多數人認為共產主義已徹底破產，他們汲取歷史經驗教訓，認為此時最有可能塡補此一意識形態眞空的應是民族主義。（註二二）東歐經數年民主改革之努力，惜因民族關係複雜，受壓抑的族群問題紛紛登上檯面，導至戰爭、衝突或內亂，成為國際政治的一大憂患，政客不惜以民族主義為訴求，挑起民族仇恨，轉移人民對經濟與社會問題的注意力。許多原先的共產黨員，只要訴諸民族主義情緒，便搖身一變成為民族主義者，群衆情緒加以激化後便視民族主義者為「民粹領袖」。被挑動的民族情緒已威脅到國家內部的整合、安全，擴大成區域動亂，威

脅區域安全。論者檢討東歐民族主義問題時，多持負面評價，學者將其簡單的定位爲「部落型的民族主義」（Tribal Nationalism），並將東歐民族問題，視爲後冷戰時代國際最大亂源之一。（註二三）本文從概要了解東歐民族構成入手，進而論述當前東歐民族主義與分離運動的各種風貌。

一、東歐民族的分類

在本文「貳」項中所述構成民族的九種要素中，每一種要素在各民族（或民族國家）所佔的重要性不同。例如在中東宗教因素至爲重要，以色列的國籍要件宗教信仰亦高於語言、血統或其他要素，惟東歐民族以語言的重要性高於其他，故東歐民族分類是按語言爲主體，概要包含下列主要民族：

㈠斯拉夫語族，又分爲三支：

1. 東斯拉夫語支：俄羅斯、烏克蘭、白俄羅斯。
2. 西斯拉夫語支：波蘭、捷克、斯洛伐克、索布（Sorbia）。
3. 南斯拉夫語支：保加利亞、塞爾維亞、斯洛文尼亞、克羅地亞、馬其頓。

㈡波羅的語族：立陶宛、拉脫維亞。

來字寫。）

㈢亞美尼亞語族：亞美尼亞。

㈣羅曼斯（Romance）語族：羅馬尼亞、摩達維亞。

㈤日耳曼語族：德意志、伊迪許（Yiddish，德語和希伯來語的混合語言，用希伯來字寫。）

㈥印度語族：吉卜賽。

㈦希臘語族：希臘。

㈧阿爾巴尼亞語族：阿爾巴尼亞。

㈨突厥（Turkic）語族：土耳其、阿塞拜彊、韃靼、圖瓦、巴什基爾、楚瓦什、巴爾卡爾、庫梅克。

㈩蒙古語族：布里亞特、卡爾梅克。

㈩㈠高加索語系各族，又分為三種：

1. 卡爾維爾語族：喬治亞。

2. 阿布哈茲語族：阿布哈茲、車臣、殷古什、卡巴爾達。

3. 達格斯坦語族：阿瓦爾、列茲金、達爾金、拉克。

㈩㈡芬蘭——烏戈爾語族，下分五支：

1.波羅的——芬蘭語支：愛沙尼亞、卡累利亞、芬蘭。
2.伏爾加語支：摩爾多瓦、馬里。
3.彼爾姆語支：科米、烏德穆爾特。
4.匈牙利語支：匈牙利。
5.顎華——烏戈爾語支：漢特、曼西。

這個以語言爲主體的民族分類，對東歐地區「後共產主義時代」國家整合過程中的動亂與分裂有決定性的影響。如論人口以斯拉夫語族最多且最複雜，國家在分裂後其分子之重組，大體上依其語言爲主體的民族爲根據（南斯拉夫爲例）。而車臣是高加索語系的「阿布哈茲語族」，俄羅斯屬斯拉夫語族的「東斯拉夫語支」，文化歷史背景全然不同，難以產生「歸屬感」，免強要同化或整合，人民頓失安全感，戰爭成爲唯一選擇。韃靼、楚瓦什等都屬「突厥語族」，難怪要脫離俄羅斯。其他東歐國家的民族紛爭、民族整合主義、民族國家主義、民族分離主義、排外性民族主義，都與這個語言爲主體的民族分類有關係。

二、民族仇恨與民族戰爭

此類型所造成的戰爭與衝突頗多，喬治亞境內的南奧塞迪亞（South Ossetian A. O.）要求俄羅斯所轄的北奧塞迪亞（North Ossetian A. R.）合併的衝突，達摩維亞共和國境內的三個民族（烏克蘭、俄羅斯、土耳其）的獨立紛爭，烏、俄族人組成「涅斯特共和國」，土族人組成「加加烏斯共和國」，科索夫的獨立紛爭。但規模最大的戰爭是南斯拉夫境內各族群的獨立戰爭，最複雜的民族情仇也是南斯拉夫。本文乃以南國的民族分離戰爭爲例述之。

前南斯拉夫聯邦境內各民族結構（如表四）（註二四），到一九九〇年南國境內各民族紛紛宣佈獨立，至一九九三年內戰已造成十二萬人死亡，難民多達三百萬人，戰事傷亡之慘重爲二次大戰來歐洲地區所罕見。歐體雖有

表四　前南斯拉夫聯邦各民族人數統計表

民族名稱	人數（單位千人）	占全國人口百分比
塞爾維亞人	8,140	36.3
克羅埃西亞人	4,428	19.8
穆斯林人	2,000	8.9
斯洛文尼亞人	1,754	7.8
阿爾巴尼亞人	1,730	7.7
馬其頓人	1,340	6.0
蒙地內哥羅人	509	2.6
匈牙利人	427	1.9
土耳其人	101	0.4
其他	481	2.1
不明	1,434	6.5
總計	22,354	100.0

（資料來源：吳貞正《南斯拉夫民主化進程之研究》，淡江大學歐洲研究所碩士論文，民國八十一年六月，頁一六二。）

表五　前南斯拉夫境內各共和國概況表

共和國名稱	面積 (km^2)	人口	首都	民族分布比例（百分比％）	宣布獨立時間
塞爾維亞共和國	88,361	9,279,000	Belgrad	塞爾維亞族 66.4 阿爾巴尼亞族 14.0 其他 19.6	1992.4.28 與黑山合併成立新南斯夫聯邦
科索沃自治省	10,887	1,585,000	Pristina	阿爾巴尼亞族 87.4 塞爾維亞族 10.0 黑山族 1.4 其他 1.2	
伏伊伏丁那自治省	21,506	2,028,000	Novi Sad	塞爾維亞族 54.0 匈牙利族 18.9 其他 27.1	
克羅埃西亞共和國	56,538	4,576,000	Zegreb	克羅埃西亞族 75.1 塞爾維亞族 11.6 其他 13.3	1991 年 6 月 25 日
斯洛文尼亞共和國	20,215	1,884,000	aLjubljana	斯洛文尼亞族 90.5 塞爾維亞族 2.3 其他 7.2	1991 年 6 月 25 日
波士尼亞—黑塞哥維那共和國	51,129	4,116,000	Sarajevo	塞爾維亞族 32.0 回教徒 39.5 其他 28.5	1991 年 12 月 20 日
馬其頓共和國	25,713	1,914,000	Skopje	馬其頓族 67.0 阿爾巴尼亞族 19.7 塞爾維亞族 2.3 其他 11.0	1991 年 12 月 20 日
黑山共和國	13,812	583,000	Titograd	黑山族 76.3 阿爾巴尼亞族 7.3 塞爾維亞族 3.6 其他 12.8	1991 年 10 月 17 日

（資料來源：國立政治大學「國際關係研究中心」，《國際及中國大陸情勢發展與評估（民國八十二年）》，頁四十八，民國八十二年十二月。）

「共同外交暨安全政策」之建構，但對馬其頓是否可以獨立成共和國，歐體十二國有不同意見。在聯合國、美國及歐體介入斡旋下，一九九二年元月南國達成停火協議，二月聯合國和平部隊進駐。但南斯拉夫的分裂已成事實，各民族獨立現況如表五。（註二五）南國分裂肇因民族關係複雜，勢必影響歐洲統合進程，對「泛歐洲民族主義運動」是大的考驗。

三、民族整合主義與民族國家主義

民族整合主義係指鄰近外國中的同文同種民族，要求與母國合併的民族主義訴求。如俄羅斯民族除分佈在境內各共和國（見表二）外，境外尚有約二五〇〇萬人，蘇聯尚未解體時佔有各種政經優勢，但帝國解體後一夜之間這些境外俄羅斯族人成了少數民族。嚴重者都掀起回歸俄羅斯母國的移民潮，以克里米亞、拉脫維亞、愛沙尼亞、立陶宛、亞塞拜然、中亞各國等，這些境外的俄羅斯人一方面是居於生命安全的顧慮要回歸移民，大俄羅斯民族主義的呼喚也有巨大的吸引力。另一種居住在兩處的同一民族要求合併，主要案例有：

㈠南、北奧塞迪亞人的合併獨立運動。

(二)科索沃自治省要求獨立併入阿爾巴尼亞。

(三)摩達維亞與羅馬尼亞合併（同一語族）。

(四)烏克蘭境內「克里米亞自治共和國」運動。

至於民族國家的形成是二十世紀重要的國際政治發展，在二十世紀初亞洲只有日本、中華民國與泰國是民族國家，第二次世界大戰前夕，整個廣大的亞非地區也只有十二個獨立國家，餘俱歐洲人之屬領，到一九八〇年，亞非已有將近上百的民族國家。民族的覺醒是重要因素，但歐洲國家也深知與其逼迫這些殖民地投共產主義旗幟之下，不如讓他們獨立，成立緩衝地區。（註二六）此種心態基本上還是對「安全感」的考量，亦可見不論以國家或民族為主體，「安全」是生存發展的前提。歐洲的民族國家發展又比亞非洲更早、更成熟，共產主義崩解後則有更多民族國家出現，可以說「該獨立的都獨立了」，東歐更有一些例外者，如斯洛伐克、馬其頓、烏克蘭、白俄羅斯都是一九九一年後才獨立。其間又以馬其頓較特殊，爭議亦多，歐洲聯盟各國所持政策相當分歧。蓋因馬其頓自古以來從未形成獨立國家，其人屬「南斯拉夫語支」，其地為各方爭戰要域，希臘、土耳其、保加利亞、俄國都曾佔領該地。二十世紀初被三區分，南部劃歸希臘版圖，北部歸南斯拉夫，少部分納入保加利亞。這是歐盟各國對是否承

認馬其頓獨立的爭議背景。（註二七）

㈠歐盟承認馬其頓共和國獨立的原因

歐盟中的德、法、英、義、荷、丹等六國，均先於一九九三年十二月正式宣布與馬其頓共和國建交，主要因素是希臘、塞爾維亞、保加利亞、阿爾巴尼亞等國，都有染指馬其頓的野心，塞國總統美洛謝維（S. Milosevie）甚至不掩飾其與希臘建立共同邊界的企圖。歐盟六國深恐屆時無法避免捲入區域衝突漩渦中，先予承認馬國獨立，宣示警告野心國家不得輕舉妄動，馬國亦於一九九三年四月進入聯合國。

㈡希臘、西班牙反對馬其頓共和國獨立的原因

希臘北方亦有一馬其頓省，若「馬其頓共和國」獨立則對該省造成威脅，稱有染指希臘領土的野心。西班牙的反對則非民族因素，而是政經利益關係，兩國同處南歐經濟發展程度較低的國家，在歐盟內部有共同利益，必須緊密合作以爭取彼此的最大利益。

「民族主義本是國家圖生存的寶貝」，但縱觀東歐民族主義的分分合合，卻是對民主發展的負面影響較大，而正面積極的意義較小。這到底是威權崩解後的轉型期，還是對「大一統」的反彈，或是新時代的亂源？尚待進一步觀察與研究。

陸、國家整合與國家安全過程中民族主義問題解決途徑

國家發展過程中所謂的「整合」和「安全」，不僅是一種「過程」，也只是一個「程度」問題，通常都止於「不太滿意但可接受」之間，民族主義在這個發展過程中常似有「精神領袖」的地位。國家是保有「主權、領土、人民、政府」的硬體條件，民族主義是「精神、意識」的軟體條件，在這些複雜的網絡中。「安全」（Security）是一個核心概念。也許安全只是一個模糊的符號（Ambiguous Symbol），一個低度發展及爭議的概念。但不可否認的，安全也是個目標與目的，防制來自外部對國家價值（如自由、生存與繁榮）的威脅，唯有安全確保了，國家才能安全地追求其他目標，故安全研究是國際政治、國際關係研究的重要途徑。（註二八）就達成國家安全的途徑言有三：內部安全、軍事安全與國際安全（區域安全、集體安全）。（註二九）在國際權力平衡（Balance of Power）體中，安全也是同盟、對抗、合作或嚇阻，「相同想法」（Like-minded）的人合作，以對抗「敵人」。（註三〇）本文所述泛歐洲民族主義之追求歐洲統合，蘇聯、東歐、俄羅斯的解組、整合或分離，豈不也是一種安全途徑的選擇。

但民族主義是一種很主觀的東西，主觀的心理狀態，主觀的意識形態，強調對本民族的忠誠與奉獻，顯然民族主義也是「極不理性」的東西，這也是造成戰爭、統合、分離、衝突的原因（或說動力）。惟國際體系中的所有成員即要追求安全目標，就要用安全途徑（手段）來規範民族主義，則屬排外、歧視、侵略、併吞等性質的民族主義都是不安全的。國家整合與國家安全過程中民族主義問題解決途徑，不僅要慎重選擇，更應有「最高指導原則」。

一、解開民族融合、同化與自決的迷思

「同化」（Assimination）是不同種族的人或團體，自由自在的相互往來與生活，在彼此相互接受（Mutual Acceptance）的心理基礎上，自然地達到「近似」（Proximity）或「同質」（Homogeneity）的過程。（註三一）

根據實證研究顯示，國家整合過程中同化與社會流動（Social Mobilization）關係密切。（註三二）如「圖二」所示，較高的同化和社會流動速度，建國進程可以達到最高的A等速率；若同化速率偏低，而社會流動偏高，則建國過程中可能充斥著戰爭、衝突與各種暴力。反之社會流動速率低，同化速度快，建國進展仍能達到第二的 B 等速

率。可見低程度的同化，高頻率的社會流動，對國家整合是很不利的，對內部安全也是一種潛在的威脅。

同化與國家整合存在著這樣的迷思（Myth），極端的統治者視之爲「公理」（Axiom），如史達林、列寧、毛澤東之輩，爲加速國家整合與穩固政權，都用盡一切強力手段加速同化與社會流動（雜居政策、大移民、勞改、墾荒、修補地球等），國家民族的大災難仍由此而起，通常亦埋下分離主義、獨立運動或種族仇恨的火種。以強制力要完成同化，要使仇恨消失，常要數百年之久。

種族同化在若干非共產國家地區（新興國家、開發中國家），尤其在亞非地區，經常遭遇到強大的抗拒，印尼、馬來西亞等地區「經常性」的排華

圖二　同化與社會流動影響建國速率的動態關係

流動／建國速率／同化	流動的速率		
		高	低
同化的速率	高	"A"	"B"
	低	"C"	"D"

註 A. B. C. D.表示建國速率之等級

運動就是實例。族群間若存有歷史上難以化解的血海深仇，免強同化徒使衝突與壓力升高，引爆戰爭而已。若與地域主義（Regionalism）或部落主義（Tribalism）糾纏一起，同化政策的推行眞是困難重重。

強力同化的另一極端是完全聽任民族自決（National Solf Determination），讓每一民族各自建立一個國家，則國際上可能出發成千上萬個國家。預判這會是一個「全球戰國時代的」亂局，此非解決民族問題的途徑，也不是人類之福。

解開民族同化、融合與自決的迷思，唯「自然、自主及理性容忍」途徑。中國境內各民族經過數千年的融合同化，是歷史上自然同化最成功的個案。新加坡、瑞士與美國是當代民族理性容忍同化較成功實例。（註三三）　國父的民族同化政策就是這樣的「自然，自主及理性容忍」，並堅持多數民族與少數主義間的平等，他說：

現在說五族共和，實在這五族的名詞很不切當。我們國內何止五族呢？我的意思，應該把我們中國所有各民族融合成一個中華民族。

漢族當犧性其血統、歷史與夫自尊自大之名稱，而與滿、蒙、回、藏之人民相見以誠，合爲一爐而治之，以成一中華民族之新主義，如美利堅之合黑白十種

之人民，而治成一世界之冠之美利堅民族主義。（註三四）

民族同化需避免強硬手段，過程尤需緩和漸近，最忌操之過急，想收「立竿見影」之效者，都要避免。方法上經由通婚、教育、現代化政策推行，提高各族群人民的安全感，都能協助建立同化的良好環境。美國雖稱民族大熔爐，也僅限不同種族的白人，至於黑白同化，仍只是「神話」。

二、調和民族主義、國際主義與世界主義

丟掉民族主義，一味追求國際主義或世界主義，將導至如　國父說的「亡國亡種」，近代波蘭與中國的被瓜分衰亡都是血淋淋的實例。國際主義（Internationalism）和民族主義始終勢不兩立，國際共黨就是想利用國際主義消滅民族主義，實現共產國際總目標。可惜一八七〇年普法戰爭結束第一國際（First International），第一次世界大戰終結第二國際，第二次世界大戰結束第三國際，一九六〇年代後第四國際勢力逐漸式微。（註三五）民族主義對國際主義抗爭一百五十年的結果，勝利者一再屬於民族主義。

中國人自古所追求的「大同主義」（Cosmopolitanism，或叫世界主義），主張破除國家與民族的界限，不要民族主義，只要世界主義，中國近代衰亡及民族主義消失，就是這個原因。滿清打著世界主義的旗號，認爲「舜東夷之人也，文王西夷之人也，東西夷狄之人，都可以來中國做皇帝。」滿清當然也可以。到了清末列強帝國主義都想來中國當家作主，有些中國人就說是這是世界主義。中山先生有個比喻，呂宋彩票好比世界主義，竹槓好比民族主義，彩票雖能發財，竹槓則是謀生工具。（註三六）可見民族主義和世界主義不僅有階段性，而且不是「零和遊戲」，兩者應是「雙存雙贏」。

民族主義、國際主義與世界主義三者，如何調和才是解決民族問題的根本辦法，顯然這不能是「選擇題」，三者之間是有「交集」的，這個交集就是平衡點。找到這平衡點就是解決問題的途徑，用　國父的語言詮釋是：漢民族主義→中華民族主義→大亞洲主義→世界大同（世界主義）。（註三七）民族主義到世界主義有階段性、時代性與共通性，不論世界大同是否到來！民族主義永遠是「國家圖發展，種族圖生存的寶貝」。

「地球村」觀念已受各族群認同，我們樂爲「地球人」或「世界公民」，各族群最好都以「一笑泯怨仇」，惟共產式的國際主義和侵略式的世界主義必須揚棄。八十七年二月十三日民進黨舉行「後冷戰時代中國政策大辯論」，也不得不承認民族主義依然是盛行的。因爲沒有民族主義，不僅亡國家，也亡民族。

三、民主政治、國家整合與民族國家的建立

民族國家的建立是任何國家政治發展最根本的目標，尤其第三世界開發中國家，脫離殖民統治後，及東歐、蘇聯、俄羅斯等地區分離出來的民族國家，莫不以「民族國家」爲全民努力的目標。一個現代民族國家的建立，需具備重要條件：

㈠有效的內部整合、團結、有序的政經秩序。
㈡穩固的疆域、現代化國家制度
㈢獨立自主與正常的國際關係、溫和的民族主義。
㈣相當程度的國民福利、生活水準。
㈤有能力維護社會正義。（註三八）

吾人可以清楚發現，民族國家形成的條件大都必須藉著良性的國家整合完成之。而國家整合的內容包含政治、民族、價値、領土、精英與大衆、行爲、語言、文化、

精英分子、行政區域的政治整合等。比較民族國家要件與國家整合內容並無顯著差異（如圖三）（註三九），可見國家整合乃是形成民族國家的必要過程，而民族國家缺乏國家整合，政治發展必然充滿困境與危機，使族群與人民間的不安全感節節高升。國父在「臨時大總統就職宣言」所示民族、領土、軍政、內治及財政之統一，即表示「國家整合」在其「民族國家」建立過程中，有相當的重要性，「民族國家」是中山先生建國的基本目標。

勿論對「民主」的了解與實踐有多少，民主卻是這個時代婦孺皆知的主流思潮，來勢洶洶，沖垮一切「逆流者」（如獨裁、共產）。政治學家 **Lucian W. Pye** 論當代政治發展時有指標性的定義：政治發展是經濟發展的政治先決條件、工業社會的政治典範、政治現代化、民族國家的運作、大衆動員與參與、民主政治的建立、安定有序的變遷、動員與權力、多元社會變遷過程。（註四〇）故民族主義即要建立民族國家，就必須融合民主政治條件和內涵。民主是否成熟有賴國家整合，而國家整合順利有利民主政治推行。（圖四）（註四一）背離了民主政治，民族主義只有走回「部落主義」（Tribalism），民族國家當然就退化回部落國家（或部落）。

畢竟民主是「數人頭代替打破頭」的制度，是最安全的制度，不論國家或人民都

圖三　國家整合與民族國家之形成

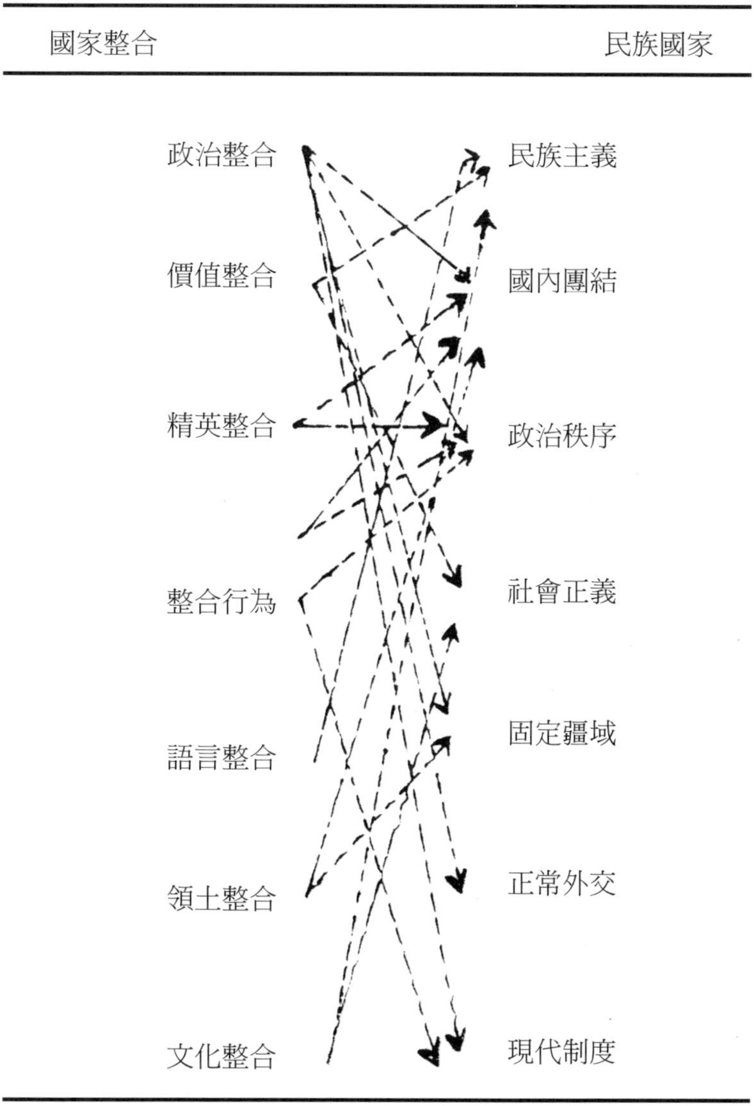

圖四　國家整合與民主政治的運作條件

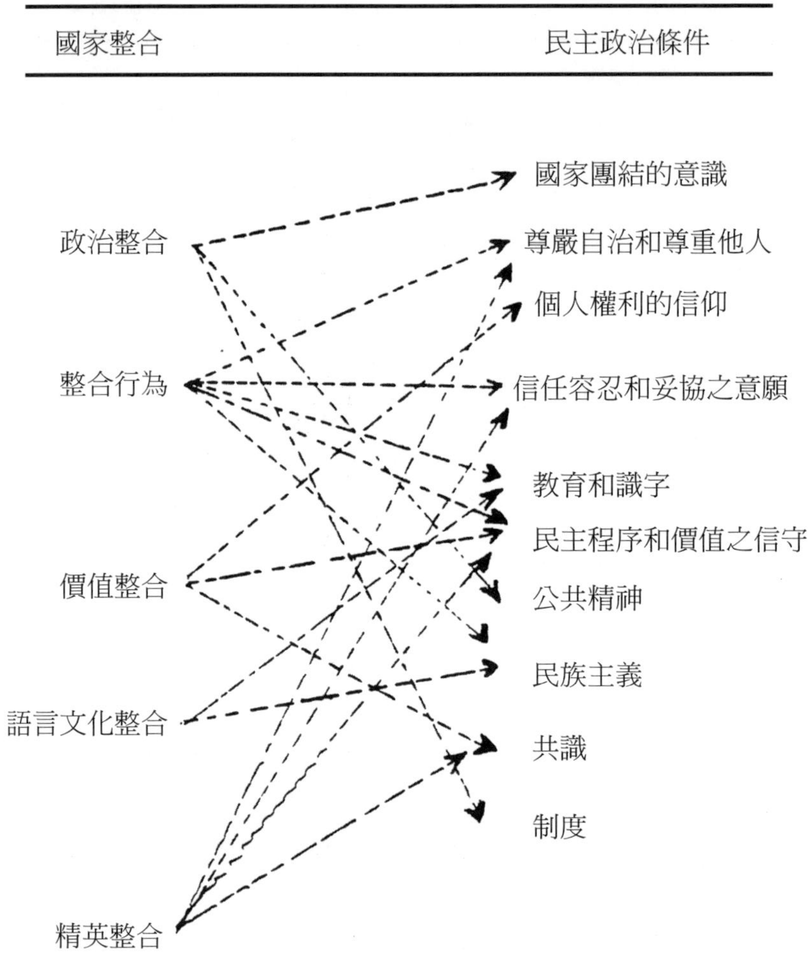

能從「民主」裡拿到最多的安全感。（註四二）只是所謂「民主政治」，並非指「美式資本主義的民主政治」，各民族國家仍有「合適的民主政治」。

四、對少數及弱小民族必要的救濟：濟弱扶傾

若按西方民主政治的理念，談「濟弱扶傾」乃緣木求魚之事，因爲西方民主政治和資本主義爲同一體，弱者只有被「吃掉」。

目前世界上絕大多數是「多民族國家」，一國之內各民族人口必有多數或少數區分。但這裡的「少數及弱小」民族不一定單指人口數量，例如在芬蘭，瑞典裔的芬蘭人是少數，但在統治階層中的人口比例遠較芬蘭裔的芬蘭人多；南非黑人多但有長時間都是政經上的「弱勢民族」；印尼和馬來西亞的華人都是少數民族，甚至弱小民族，但握有經濟力量的優勢。多數國家都有相對的少數及弱小民族（合稱弱少民族），可能是人口數的問題，或對資源掌控能力不足。社會資源分配不均等，使弱少民族在生存生活上面臨「不安全感」。因此，在國家整合過程中民族問題的解決，必須考量弱少民族的救濟：濟弱扶傾。

「濟弱扶傾」原是　國父孫中山先生提出的政策，反對當時強勢的帝國主義壓迫

亞非弱勢民族，同時主張中國強盛也不侵略其他弱少民族，且要「濟弱扶傾」，使各民族都能平等相待，和平相處，這是中國民族的天職。第一次世界大戰後「國際聯盟」就提出了對少數民族的保障，包含政治、經濟、宗教、語言等各種權利保障，惟不能實現。二次大戰後聯合國開始對少數民族負起保障（救濟）重任，解決之道通常有下列數種：

㈠多數尊重、保障、寬容少數，不因膚色、語言、宗教、文化之不同而有歧視或迫害。例如美國執行「黑白平等」政策，始終是一條堅定的不歸路。

㈡若兩個國家互有生活在對方國內的少數民族，可以交換或互返其母國。一九一九年希臘、保加利亞、土耳其，及一九四八年後的各國猶太人，都曾用這個途徑回歸母國。

㈢多民族國家決民族問題最好的辦法，就是認眞執行「自然的相互融合」，中國、美國是兩種不錯的範例，本文「泛歐洲民族主義運動」及俄羅斯聯邦，都在大力鼓吹，效果則尚待觀察。

㈣適當的政治安排，顧及少數民族的代表。此乃透過立法及制度安排，使各級首長或民意代表，能有少數民族代表擔任。（註四三）

其他還有尊重少數民族的文化、語言、宗教、歷史傳統，提高自治權與經濟能力。有些少數民族問題可能是「零和」的，如俄羅斯的車臣、加拿大的魁北克及前南斯拉夫各民族，常陷於「和戰」困境，戰爭手段是下策，和平的民主方式才是上策，加拿大處理魁北克問題是一個很好的解決模式。

有些不僅是少數而且已成很「弱小的民族」，如澳洲毛利人、美洲印第安人或台灣的原住民，他們是眞正已面臨「弱、傾」的「黃昏民族」。以台灣的原住民來說，人口素質與教育程度偏低，死亡率偏高，可見的未來，原住民可能和十九世紀末的平埔族一樣，次遞消失在這塊島嶼上。（註四四）爲挽救這些黃昏族群，他們須要特別救濟，因爲民主政治制度所用的「公平、平等、合法性、市場競爭」等原則，已都不能完全適用。數百年來不平等之待遇使他們成爲今天的「絕對弱小」，再來要求他們與其他強大族群「公平競爭」，便是更大的不公平，他們需要透過國家、政府的力量給予特別救濟和保障。

對主體社會的多數民族來說，弱少民族的生存發展並非單方面弱少一方的事。美國白人的快樂不能永遠構基於黑人的痛苦上，西方與東歐洲欲追求的繁榮富裕，也不能建立在歧視猶太民族之上。各民族國家、全世界各族群要戰爭？還是要和平？端賴是否「以平等待我之民族共同奮鬥」。

柒、結語

本文從民族主義的構成、本質、發展與類別為入門，以民族主義為核心。觀察其在當前國際體系中的脈動，化約抽離出三個面向（統合、整合、分離），配合三個案例（泛歐洲民族主義運動、俄羅斯民族問題、東歐民族主義與分離主義），研究民族主義對國家整合與國家安全的影響，再歸納這些經驗研究，疏理出國家整合與國家安全過程中民族主義問題解決途徑。以下贅語為本文結論。

第一、透過民族主義的凝聚力促進國家整合與國家安全。這是絕大多數民族國家善用的手段，新興國家更樂好此道。共產國家為挽救日薄崦嵫的命運，民族主義為不得不用的「特效藥」。中共將民族主義穿上一件華麗的外衣「愛國主義」，無非是要抗拒或整合各種力量，鞏固「中華人民共和國」政權及其安全。（註四五）總結一百五十年來共產主義與民族主義的鬥爭，民族主義都是贏家，共產主義及其政權最後終將在中華民族這個大火爐中，質變、消失的無形無蹤。

第二、民族主義吸納民主政治的精神，成為一種寬鬆、自由與溫和的民族主義，對國際社會是一股建設性的力量，具有整合國家的能力。現存者如俄羅斯國協、大英國協等，提議中如「大華國協」、「中華國協」或「邦聯」等，（註四六）正運作中的歐洲政治統合。此類大型國際社會，不僅促進國際性的法律、秩序、經濟發展和社會福利，也促進區域安全，整合國家與國際安全。

第三、後共產主義新興國家、第三世界開發中國家及少數民族主義，頗多政客把民族主義激化或視爲奪取政治利益的手段，或與種族主義糾纏不清。凡此對達成國家整合的目標可謂遙遙無期，對維護國家與人民之安全亦毫無保障。印尼和馬來西亞幾近「定期性」的排華運動，對其國家的整合與安全何曾有利乎？對國家邁向民主化、現代化的民族國家可有半點利乎？

第四、人類自古以來始終在追求永久性的世界和平。並期盼透過一個統一性的「世界政府」，維持永久和平，如共產主義和大同思想。（註四七）如今，聯合國功能日愈強化，「地球村」觀念日愈受各族群認同，民族主義還有存在價値嗎？這問題要看可見的未來國家是否存在？依柏拉圖之見，國家是應付人類的需要（食、住、衣和政治生活）而產生，這些需要維持人類生存安全。（註四八）只要人們有此需要，國家便始終存在，民族主義也要存在。這些引述強調民族主義和國際主義不是「二選一」的問題，而是共存、調和在一個平衡狀態，民族國家才會是贏家。

在現代化刺激下，全球政治沿文化斷層線重組。文化近似的國家和人民聚在一起，不同者則分道揚鑣；政治版圖重劃，越來越和種族、宗教及文明的文化版圖重劃不謀而合。（註四九）進入後冷戰時期開始爆發全球認同危機，所到之處大家都在問：「我們是誰？」「我們屬於哪裡？」或「我們不是誰？」這些問題對試圖統合、整合或分離的民族國家攸關重要，因爲「安全感」是人民面臨認同選擇的重要依據。

畢竟，人民最在乎的還是生存與安全。

註釋

註　一：民族主義，第三講，國父全集，第一册（台北：中國國民黨中央委員會黨史委員會，民國七十七年三月一日），頁二五。

註　二：辭海，上册（台北：台灣中華書局，民國六十三年十一月，台十二版），頁一六二一。

註　三：同註一，頁三——四。

註　四：馬起華，政治學原理，下册（台北：大中國圖書公司，民國七十四年五月），頁一〇四一—一〇四五。

註五：同註一，民族主義，第一講，頁一—二。

註六：蔣中正，「三民主義與五權憲法概要」，蔣總統思想言論集（台北：中央文物供應社，民國五十五），卷九，頁一〇七。

註七：同註四，頁一〇七二—一〇七七。

註八：關於民族主義的分類與發展，可詳見註四書，第十四章；邵宗海、楊逢泰、洪泉湖編，族群問題與族群關係（台北：幼獅文化出版公司，民國八十四年三月），相關各論。

註九：這十六種民族主義是：人道、雅各賓、傳統、自由、統合、經濟、文化、開放、三民主義、被壓泉、恢復領土、小心、威望、極權、猶太，優種等民族主義見註四書，第十四章。

註一〇：「三民主義之具體辦法」，黨史會編，國父全集（民國七十年黨史會再版），第二冊，頁四一〇。

註一一：同註四，頁一〇八五。

註一二：此超國或超民族的整合現象，學術界曾用過多種概念做界定之名詞，如Macro-

Nationalism、Pan-Movement、Pan-Nationalism、Pan-Nationalist Movement，但也有不同看法的，如 Louis Snyder 在所著 Macro-Nationalism，A History of Pan-Movement 一書中，他對 Macro-Nationalism 再深一層定位，認爲是民族主義的極度擴張，並把相同地理環境、種族、信仰、語言等，歸於屬同一族群的範疇，往往也被視爲一種「侵略的民族主義」。見邵宗海、楊逢泰、洪泉湖編，族群問題與族群關係，頁六五——頁六九。

註一三：民族主義是非洲意識形態中最顯著的力量，爲了克復殖民主義的屈辱，替代共產主義的空想，取代部落主義的傳統，並拒絕白色種族主義和黑色好戰主義，因而有了「非洲民族主義」的凝結，透過非洲民族主義的統合，最終目標要超越非洲各民族、部落、國家，完成統一整合非洲大陸「非洲合衆國」的理想。見雲五社會科學大辭典，第四冊，國際關係（台北：台灣商務印書館，民國七十四年四月，增訂三版），頁一四四——一四八。

註一四：張顯耀，歐洲聯盟發展「共同外交暨安全政策」之研究（台北：幼獅文化事業公司，民國八十四年一月），第一章。

註一五：波多黎各（Puerto Rico）位於加勒比海，面積約台灣的三分之一，現有人口三百四十萬人，目前屬於美國國協（U.S. Commonealth）的一員，多數人滿意現有狀態，小部分主張獨立，曾有暴力恐怖行爲。一九五二年波人自行決定地位時，百分之六十七願意成爲美國國協的一員，百分之十三希望成爲美國聯邦第五十一個州，百分之十九要獨立。一九六四年七月二十三日波人再用全民公投決定未來，有四十二萬五千人仍願爲國協一員，二十七萬三千人要加入聯邦，要求獨立的剩下四千二百零五人。最近一次統計，願成爲聯邦者高達百分之五十五。註一二書，頁七七。

註一六：同註一二書，頁九六。

註一七：尹慶耀，獨立國協研究（台北：幼獅文化出版公司，民國八十四年十月），頁一六二。

註一八：同註一二書，頁九五。

註一九：同註一七書，頁一六八—一七一。

註二〇：同註一七書，頁一七六。

註二一：洪茂雄，「東歐國家前共黨演變概觀」，問題與研究，第三十三卷，第十期（民國八十三年十月），頁五一—五二。

註二二：中國時報，民國八十四年十一月二十一日。

註二三：本文有關民族主義與分離運動，參考註一二書，頁一〇九——一二九。「部落」（Tribe）和「部落主義」（Tribalism）是兩個相繫一起的概念，在經驗使用上二者沒有差別。部落是一個生活族群的社會組織，他們往往生活在熱帶地方，從事簡單的工藝，部落的規模通常比家族大，但不是國家，靠親屬關係及責任來維繫部落的團結。Adam Kuper、Jessica Kuper，The Social Science En-Cyclopedia（USA: Routledge and Kegan Paul, 1985）, PP869–871。

註二四：同註一四書，頁九一。

註二五：同註一四書，頁一二五。

註二六：喬寶泰，「民族主義的時代意義」，中華民國中山學術會議論文研討集，第二冊（民國七十三年元月二十七日），頁一一。

註二七：同註一四書，頁一二八——一三〇。

註二八：林碧炤，「國際衝突的研究途徑與處理方法」，問題與研究，第三十五卷第三期（民國八十五年三月），頁六——七。

註二九：陳福成，國家安全概論（台北：國立台灣大學，民國八十六年八月初版），

第一章。

註三〇：莫大華「安全研究」之趨勢，問題與研究，第三十五卷，第九期（民國八十五年九月），頁六一─七八。

註三一：彭堅汶，孫中山三民主義建國與政治發展理論之研究（台北：時英出版社，民國七十六年十二月），頁一二五。

註三二：同註三一書，頁一二六。

註三三：瑞士的德國人有七二%，法國人二一%，義大利人五%；新加坡有華人七六%，馬來人一五%，印度人七%。兩國的民族政策相當溫和、理性而容忍，沒有強迫性的同化問題，族群之間相互學習對方的語言意願高，不訂統一（唯一）的「國語」而排斥其他語言。多數民族不依恃多數而壓迫少數。且少數民族未受歧視，國家整合與發展相當順利，因而成為全球「最適合人住的地方」。美國在早期（十九世紀前）同化問題也大，進入二十世紀後漸入佳境，成就「民族大熔爐」之美譽，　中山先生在其演講、著作裡，對美國「理性容忍」的同化政策稱道頗多。進入廿一世紀如何？尚待觀察。

註三四：均見國父全集，第　册（台北：中國國民黨黨史委員會，民國六十二年六月），頁三九七、一五六。

註三五：第一國際是「國際勞工協會」（International Workmen's Association）通稱，一八六四年由馬克斯、恩格斯兩人在倫敦成立，宣稱開創國際無產階級爲社會主義而進行的群衆鬥爭，爲世界工人共產主義運動奠定基礎。第二國際是英、法、德國一批馬克斯主義者於一八八九年成立，第一次世界大戰時號召「變帝國主義戰爭爲國內戰爭」，推翻本國政府，實現社會主義目標。第三國際即列寧在一九一九年成立的「共產國際」（Communist International，簡稱Comintern）。一九三八年托洛斯基組織第四國際，全名「世界社會主義革命黨」（Socialist Revolution World Party，俗稱「托派」Trotskyist）。詳見註一三書，頁二四五——二五〇。

註三六：同註一，民族主義第三講。

註三七：同註二六，頁二〇八—二一一。

註三八：同註三一書，頁六二—六三。

註三九：同註三一書，頁六三—六四。

註四〇：Lucian W. Pye：Aspects of Political Development，一版（台北：虹橋書店，民

國七十二年六月十六日），頁三三一四四。
註四一：同註三一書，頁六八—六九。
註四二：民主方式也表示是不流血的，排斥用戰爭解決問題，所以是安全的。前瑞典副總理來台訪問演講，也認爲「民主不以戰爭相抗」，中央日報，八十七年元月二十四日。
註四三：同註四書，頁一〇六〇—一〇六三。
註四四：孫大川，「台灣原住民的困境與展望」，註一二，頁二四一——二四九。
註四五：虞義輝，「從民族主義的歷史發展看中共的愛國主義」，復興崗學報六十期（民國八十六年六月），頁三二七——三四五。
註四六：八十四年陶百川曾提出「中華國協」主張，王永慶亦八十六年提出「邦聯」構想。民進黨前主席施明德在「中國政策研討會」提「大華國協」主張。中國時報，民國八十七年二月十四日。
註四七：論共產主義多數人只知是馬克斯、恩格斯提出，未知古代便有。柏拉圖在「理想國」（Republic，亦譯共和國）一書中，即提出共產制度，倡言人類要在兩方面徹底執行共產才能達到理想國。第一、須實行共妻制度，因爲各人有了妻子，形成家族後，各人就只顧家事，不顧國事，故不能有家族制度的形成，同一階級的人共進飲食，同睡一房，人人不知誰是我夫，誰是我妻，誰是我子，誰是我父。有了「我的」女人，「你的」女人，私心由此而起。第二、實行共產制度，一切財貨歸公，因爲各人若有私產，必將區別「我的物」和「你的物」，破壞共產制度。柏氏思想係受他的老師蘇格拉底（Socrates, B. C. 469–399）影響，可見蘇氏亦持共產思想。薩孟武，西洋政治思想史（台北：三民書局，民國六十七年六月），第一篇，第二章。

註四八：同註四七。

註四九：Samuel P. Huntington，文明衝突與世界秩序的重建，黃裕美譯（台北：聯經出版公司，民國八十六年九月），頁一六五—一六七。

本書作者重要著編譯作品及購買方法

編號	書名	出版者	定價	備註（性質）
1	國家安全與情治機關的弔詭	幼獅	200	軍訓國防通識參考書
2	決戰閏八月：中共武力犯台研究	大人物	250	國防、軍事、戰略
3	防衛大台灣：台海安全與三軍戰略大佈局	大人物	350	國防、軍事、戰略
4	非常傳銷學（與范揚松合著）	大人物	250	直銷教材
5	孫子實戰經驗研究：孫武怎樣親自險證「十三篇」	黎明	290	孫子兵法研究
6	解開兩岸 10 大弔詭	黎明	280	兩岸關係
7	大陸政策與兩岸關係	黎明	290	（同上）
8	從地獄歸來：愛倫坡（Edgar Allan poe）小說選	慧明	200	翻譯小說
9	尋找一座山：陳福成創作集	慧明	260	現代詩
10	軍事研究概論（與洪松輝等合著）	全華	250	軍訓國防通識參考書
11	國防通識（高中、職一二年級共四冊）學生課本	龍騰	時價	部頒教科書
12	國防通識（高中、職一二年級共四冊）教師用書	龍騰	時價	部頒教科書
13	五十不惑：一個軍校生的半生塵影	時英出版社	300	我的前傳
14	國家安全與戰略關係	時英出版社	300	國安、戰略、研究
15	中國學四部曲　首部曲：中國歷代戰爭新詮	時英出版社	350	戰爭研究
16	中國學四部曲　二部曲：中國政治思想新詮	時英出版社	400	政治思想研究
17	中國學四部曲　三部曲：中國四大兵法家新詮（孫子、吳起、孫臏、孔明）	時英出版社	350	兵法研究
18	中國學四部曲　四部曲：中國近代黨派發展研究新詮	時英出版社	350	政治、黨派研究
19	春秋記實：台灣地區獨派執政的觀察與批判	時英出版社	250	現代詩、政治批判
20	歷史上的三把利刃：部落主義、種族主義、民族主義	時英出版社	250	歷史、人類、學術
21	國家安全論壇（軍訓、國防、通識參考書）	時英出版社	350	國安、民族主義
22	性情世界：陳福成情詩選	時英出版社	300	現代詩、情話
23	新領導與管理實務：新叢林時代領袖群倫的政治智慧	時英出版社	350	特殊環境領導管理，金像獎作品
24	一個軍校生的台大閒情	文史哲出版社	280	閒情・頓悟・啓蒙
25	春秋正義	文史哲出版社	300	春秋、正義、學術
26	頓悟學習	文史哲出版社	260	人生、頓悟、學習
27	公主與王子的夢幻	文史哲出版社	300	書簡、小品、啓蒙
28	幻夢花開一江山（傳統詩風格）	文史哲出版社	200	人生、詩歌、小品
29	奇謀迷情輪迴：被詛咒的島嶼㈠	文史哲出版社	220	政治、奇謀、言情小說
30	春秋圖鑑：回頭看中國近百年史（3600 張圖）	文史哲出版社	時價	3600 張照圖解說
31	春秋詩選（現代詩、政治批判）	文史哲出版社	380	春秋思想、詩歌
32	愛倫坡（恐怖、推理）小說經典新選	文史哲出版社	280	恐怖推理小說
33	迷情奇謀輪迴：進出三界大滅絕㈡	文史哲出版社	220	情色、奇詭、科幻小說
34	迷情奇謀論回：我的中陰身經歷記㈢	文史哲出版社	時價	奇詭・輪迴・警世小說
35	南京大屠殺圖相：中國人不能忘的記憶	文史哲出版社	時價	歷史・眞相
36	神劍或屠刀？	文史哲出版社	時價	政治・思想・學術研究
37	2008 這一年，我們的良心在那裡？（2000 圖說）	文史哲出版社	時價	人間福報的一年
38	男人和女人的情話眞話	秀威資訊科技公司	時價	兩性生活智慧
39	八方風雨。性情世界	秀威資訊科技公司	時價	現代詩・詩評
40	從皈依到短期出家	秀威資訊科技公司	時價	佛法初體驗
41	赤縣行腳。神州心旅	秀威資訊科技公司	時價	詩・文・神州千年遊蹤

購買方法：

方法 1.全國各書店
方法 2.各出版社
方法 3.郵局劃撥帳號：22590266　戶名：鄭聯臺
方法 4.電腦鍵入關鍵字：博客來網路書店→時英出版社
方法 5.時英出版社　電話：（02）2363-7348　（02）2363-4803
　　地址：台北市新生南路 3 段 88 號 3 樓之 1
方法 6.秀威資訊科技公司　地址：台北市內湖區瑞光路 583 巷 25 號 1F　電話：02-2657-9211
方法 7.文史哲出版社：（02）2351-1028　郵政劃撥：16180175
　　地址：100 台北市羅斯福路 1 段 72 巷 4 號